# DEN UNDERBARA PIZZAN

### HUR MAN GÖR 100 LÄCKRA ITALIENSKA PIZZOR

Gaia Pellegrini

## Alla rättigheter förbehållna.

**varning**

Informationen i den här e-boken är avsedd att fungera som en omfattande samling av strategier som författaren till den här e-boken har forskat om. Sammanfattningar, strategier, tips och tricks är endast rekommendationer av författaren, och att läsa den här e-boken garanterar inte att ens resultat exakt speglar författarens resultat. Författaren till e-boken har gjort alla rimliga ansträngningar för att tillhandahålla aktuell och korrekt information till e-bokens läsare. Författaren och dess medarbetare kommer inte att hållas ansvariga för eventuella oavsiktliga fel eller utelämnanden som kan hittas. Materialet i e-boken kan innehålla information från tredje part. Tredjepartsmaterial består av åsikter som uttrycks av deras ägare. Som sådan tar e-bokens författare inget ansvar eller ansvar för material eller åsikter från tredje part.

E-boken är copyright © 2022 med alla rättigheter förbehållna. Det är olagligt att omdistribuera, kopiera eller skapa härledda verk från denna e-bok helt eller delvis. Inga delar av denna rapport får reproduceras eller återsändas i någon form av reproducering eller återsändning i någon form utan skriftligt uttryckt och undertecknat tillstånd från författaren.

# INNEHÅLLSFÖRTECKNING

**INNEHÅLLSFÖRTECKNING4**..........................................................
**INTRODUKTION8**..........................................................
    KATEGORISERING AV PIZZOR..........................................................9
**PIZZARECEPT11**..........................................................
    1. GRILLKYCKLINGPIZZA..........................................................12
    2. NÖTKÖTT OCH SVAMPPIZZA..........................................................16
    3. BROCCOLI OCH OSTSÅS PIZZA..........................................................21
    4. BROCCOLI OCH TOMATSÅS PIZZA..........................................................25
    5. BUFFALO CHICKEN PIZZA..........................................................29
    6. MANGOLD OCH BLUE CHEESE PIZZA..........................................................33
    7. CHORIZO OCH RED PEPPER PIZZA..........................................................37
    8. DELICATA SQUASH OCH CHARD PIZZA..........................................................41
    9. DUCK CONFIT PIZZA..........................................................45
    10. KÖTTBULSPIZZA..........................................................49
    11. MEXIKANSK RÄKPIZZA..........................................................54
    12. NACHO PIZZA..........................................................58
    13. ÄRTOR OCH MORÖTTER PIZZA..........................................................62
    14. PHILLY CHEESESTEAK PIZZA..........................................................66
    15. POLYNESISK PIZZA..........................................................70
    16. POT PIE PIZZA..........................................................74
    17. POTATIS-, LÖK- OCH CHUTNEYPIZZA..........................................................79
    18. PROSCIUTTO OCH RUCCOLA PIZZA..........................................................83
    19. REUBEN PIZZA..........................................................86
    20. ROSTAD ROTPIZZA..........................................................90
    21. KORV OCH ÄPPELPIZZA..........................................................95
    22. SHIITAKE PIZZA..........................................................99
    23. SPENAT OCH RICOTTA PIZZA..........................................................103
    24. RUCCOLASALLADSPIZZA..........................................................107

25. Avocado 'N Everything Pizza.................................................................110
26. BBQ Chicken Pizza.......................................................................113
27. BBQ Strawberry Pizza...................................................................115
28. Broccoli Deep Dish Pizza...............................................................117
29. Buffalo Chicken Pizza Pies.............................................................122
30. Kalifornien Pizza......................................................................125
31. Karamelliserad lökpizza................................................................129
32. Ost Calzone............................................................................132
33. Körsbärsmandelpizza....................................................................135
34. Chicago Style Pizza....................................................................138
35. Deep-Dish Pizza........................................................................141
36. Holländsk ugnspizza....................................................................145
37. Äggsallad Pizzakottar..................................................................147
38. Fikon, taleggio och radicchio pizza....................................................150
39. Fryst jordnötssmör pizzapaj............................................................154
40. Grilla superpizza......................................................................157
41. Grillad pizza..........................................................................159
42. Grillad vit pizza med Soppressata......................................................163
43. Grillad grönsakspizza..................................................................167
44. Mozzarella, ruccola och citronpizza....................................................170
45. Mexikansk pizza........................................................................174
46. Mini Pizza Bagels......................................................................178
47. Muffuletta Pizza.......................................................................180
48. Pan Pizza..............................................................................183
49. Pepperoni Pizza Chili..................................................................188
50. Pesto Pizza............................................................................191
51. Philly Cheesesteak Pizza...............................................................194
52. Pitabizza med gröna oliver.............................................................197
53. Pizzaburgare...........................................................................200
54. Lunchlådepizza.........................................................................202
55. Kyld fruktig godbit....................................................................204
56. Rökig pizza............................................................................206
59. Hantverkspizza.........................................................................212
60. Pepperoni Pizza Dip....................................................................214

61. Tonfiskpizza .................................................. 216
62. Kyckling med pizzasmak ................................. 218
63. Frukostpizza ................................................. 221
64. Garden Fresh Pizza ....................................... 224
65. Pizzaskal ...................................................... 227
66. Het italiensk stekpizza ................................... 230
67. New Orleans Style Pizza ................................ 232
68. Torsdagskvällspizza ..................................... 235
69. Blandad Veggie Pizza .................................... 238
70. Hamburgerpizza ........................................... 240
71. Grädde av Pizza ............................................ 243
72. Roma Fontina Pizza ...................................... 246
73. Kryddig spenat kycklingpizza ......................... 248
74. Pizza till påsk ............................................... 253
75. Super-Bowl Pizza .......................................... 256
76. Tunnbrödspizza ............................................ 259
77. Tidig morgonpizza ........................................ 262
78. Backroad Pizza ............................................. 265
79. Barnvänliga pizzor ........................................ 267
80. Pizza i Pennsylvanianstil ............................... 269
81. Kärnmjölkspizza ........................................... 272
82. Worcestershire Pizza .................................... 275
83. BBQ Beef Pizza ............................................. 278
84. Pizza Rigatoni .............................................. 280
85. Pizza i mexikansk stil .................................... 282
86. Medelhavspizza ............................................ 286
87. All paprika och lökpizza ................................ 289
88. Älskar Pizza ................................................. 292
89. Potatis Tofu Pizza ......................................... 295
90. Grekisk pizza ................................................ 298
91. Pizzasallad ................................................... 301
92. Dessertpizza ................................................ 304
93. Picknick Mini-pizzor ...................................... 307
94. Tropisk valnötspizza ..................................... 310

95. Tranbärskycklingpizza..........................................................312
96. Söt och salt pizza............................................................314
97. Höstlig Dijon Pizza..........................................................317
98. Gorgonzola Buttery Pizza.............................................320
99. Ruccola Grape Pizza.......................................................322
100. Pizza i fransk stil............................................................325

**SLUTSATS327**..................................................................................

# INTRODUKTION

Pizza är en platt paj med öppet ansikte av italienskt ursprung, bestående av en brödliknande skorpa toppad med kryddad tomatsås och ost, ofta garnerad med salta kött och grönsaker.

Traditionellt har pizza klassificerats efter tjocklek, form och monteringsplattform.

**Kategorisering av pizzor**

**A. Skorpans tjocklek**

Pizza finns i versioner med tunn, medium och tjock skorpa. Mängden deg är den viktigaste faktorn som påverkar skorpans tjocklek. Men hur mycket ökningen spelar också in. Deg som antingen är under- eller över-jäss, eller som är tillplattad före gräddning, tenderar att ge en tunnare skorpa än en som får jäsa (eller jäsa) till en optimal nivå efter rullning och före gräddning.

**B. Form**

Pizzor klassificeras också efter form - nämligen runda och rektangulära. Pizza som är gjord i en rektangulär plåt kallas ibland "italiensk bageripizza" - platsen där den har sitt ursprung. Rund är dock den vanligaste formen på pizzerior, förmodligen för att den är lättast att göra.

Det finns också specialitetsformer, som hjärtformad pizza, som är en flerårig alla hjärtans dag-favorit.

### C. hopsättning

Pizzor klassificeras också efter på vilken plattform de är monterade. I grund och botten finns det tre: panna, skärm och skal (eller paddla) - känd som pannpizza, skärmpizza respektive härdbakad pizza. Panpizza kallas även för djuppizza och stekpizza. Pizzor med tjockare skorpa brukar göras i en panna medan tunnare ofta monteras på en skärm eller skal. När den görs på skal bakas en pizza direkt på eldstaden eller ugnsdäcket. En variant på härdbakad pizza innebär att man gör och bakar pizzan på icke-brännande silikonbehandlat papper.

# PIZZA RECEPT

## 1. Grill kyckling pizza

**Ingrediens**

- Antingen universalmjöl för pizzaskalet eller nonstick-spray f
- 1 hemmagjord deg
- 6 matskedar barbecuesås (använd vilken sort du föredrar, varm till mild)
- 4 uns (1/4 pund) rökt provolone eller rökt schweizisk, strimlad
- 1 dl hackat, kokt kycklingkött
- 1/2 liten rödlök, tärnad (ca 1/2 kopp)
- tsk malet oreganoblad eller 1/2 tsk torkad oregano
- uns Parmigiana, fint riven
- 1/2 tsk röd paprikaflingor, valfritt

**Vägbeskrivning:**

a) Färsk deg på en pizzasten. Pudra först ett pizzaskal lätt med mjöl. Tillsätt degen och forma den till en stor cirkel genom att först gräva ut den med fingertopparna, sedan ta upp den i kanten och forma den med händerna till en cirkel med en diameter på cirka 14 tum. Lägg den mjölade sidan nedåt på skalet.

b) Färsk deg på en pizzabricka. Smörj antingen med nonstick-spray och lägg degen i en hög i mitten av plåten eller bakplåten. Fördjupa degen med fingertopparna, dra sedan och tryck till degen tills den bildar en cirkel med cirka 14 tum i diameter på plåten eller en oregelbunden rektangel, cirka 13 × 7 tum, på bakplåten.

c) En bakad skorpa. Lägg den på ett pizzaskal om du använder en pizzasten - eller lägg den bakade skorpan direkt på en pizzabricka.

d) Använd en gummispatel för att fördela barbecuesåsen jämnt över den förberedda degen, lämna en 1/2-tums kant vid kanten. Toppa med den strimlade, rökta osten.

e) Lägg kycklingbitarna över osten och strö sedan över den hackade löken och oregano.

f) Toppa med riven Parmigiana och röd paprikaflingor, om du använder. Skjut pajen från skalet till den mycket heta stenen – eller placera pizzabrickan med sin paj antingen direkt i ugnen eller på den del av grillens galler som inte är direkt över värmekällan.

g)Grädda eller grilla med locket stängt tills skorpan är gyllene och osten har smält och till och med börjat bryna lätt, 16 till 18 minuter. Skjut tillbaka skalet under skalet för att ta bort det från stenen eller överför pizzabrickan eller mjölplåten med pajen till ett galler. Ställ pajen åt sidan för att svalna i 5 minuter innan du skär den och serverar den.

## 2. Nötkött och svamppizza

**Ingrediens**

- Allroundmjöl för att pudra av pizzaskalet eller nonstick-spray för smörjning av pizzabrickan
- 1 hemmagjord deg
- 1 msk osaltat smör
- 1 liten gul lök, hackad (ca 1/2 kopp)
- 5 uns cremini eller vita knappsvampar, tunt skivade (ca 11/2 koppar)
- 8 uns (1/2 pund) magert nötfärs
- 2 msk torr sherry, torr vermouth eller torrt vitt vin
- 1 msk finhackad bladpersilja
- 2 tsk Worcestershiresås
- 1 tsk stammade timjanblad
- 1 tsk malda salviablad
- 1/2 tsk salt
- 1/2 tsk nymalen svartpeppar
- 2 msk biffsås på flaska

- 6 uns Cheddar, strimlad

**Vägbeskrivning**

a) Färsk deg på en pizzasten. Pudra ett pizzaskal med mjöl och ställ in degen i mitten. Forma degen till en stor cirkel genom att fördjupa den med fingertopparna.

b) Färsk deg på en pizzasten. Pudra ett pizzaskal med mjöl. Ställ degen på den och använd fingertopparna för att fördjupa degen till en stor cirkel. Ta upp degen i kanten och vänd den i händerna tills det är en cirkel med en diameter på cirka 14 tum. Lägg den formade degen med mjölad sida nedåt på skalet.

c) Färsk deg på en pizzabricka. Smörj antingen med nonstick-spray. Lägg degen på plåten eller bakplåten, fördjupa den med fingertopparna - dra sedan och tryck till den tills den bildar en 14-tums cirkel på plåten eller en oregelbunden 12 × 7-tums rektangel på bakplåten.

d) En bakad skorpa. Lägg den på ett pizzaskal om du använder en pizzasten - eller lägg den bakade skorpan direkt på en pizzabricka.

e) Smält smöret i en stor stekpanna på medelvärme. Tillsätt löken, rör om ofta, tills den mjuknat, cirka 2 minuter.

f) Tillsätt svampen fortsätt koka, rör om då och då, tills de mjuknar, avger vätska och det avdunstar till en glasyr, cirka 5 minuter.

g) Smula i nötfärsen, rör om då och då, tills den är väl brynt och genomstekt, cirka 4 minuter.

h) Rör ner sherryn, eller dess ersättning, persilja, Worcestershiresås, timjan, salvia, salt och peppar. Fortsätt koka under konstant omrörning tills stekpannan är torr igen. Ställ åt sidan från värmen.

i) Fördela steksåsen jämnt över skorpan, lämna en 1/2-tums kant vid kanten. Toppa med den strimlade cheddaren, håll den kanten ren.

j) Skeda och fördela köttfärsblandningen jämnt över osten. För sedan pizzan från skalet till den varma stenen – eller lägg pajen på pizzabrickan eller mjölplåten antingen i ugnen eller över den ouppvärmda delen av grillgallret.

k) Grädda eller grilla med locket stängt tills osten har börjat bubbla och skorpan är brun i kanten och något fast vid beröring, 16 till 18 minuter.

Se till att du poppar luftbubblor som uppstår på färsk deg, särskilt i kanten och särskilt under de första 10 minuterna av gräddningen. Skjut tillbaka skalet under skorpan, se till att toppingen inte lossnar och ställ sedan åt sidan i 5 minuter – eller lägg pizzan på pizzabrickan på ett galler under samma tid innan du skivar och serverar. Eftersom toppingarna är särskilt tunga, kanske det inte går att ta bort pizzan lätt från skalet, brickan eller bakplåten innan den skärs i skivor. Om du använder en nonstick-plåt eller bakplåt, överför försiktigt hela pajen till en skärbräda för att undvika hack på nonstick-ytan.

## 3. Broccoli och ostsås pizza

**Ingrediens**

- Allsidigt mjöl för att pudra ett pizzaskal eller nonstick-spray för att smörja en pizzabricka
- 1 hemmagjord deg
- 2 msk osaltat smör
- 2 msk universalmjöl
- 11/4 koppar vanlig mjölk med låg fetthalt eller fettfri
- 6 uns Cheddar, strimlad
- 1 tsk dijonsenap
- 1 tsk stammade timjanblad eller 1/2 tsk torkad timjan
- 1/2 tsk salt
- Flera streck varm röd paprikasås
- 3 koppar färska broccolibuktor, ångade eller frysta broccolibuktor, tinade (
- 2 uns Parmigiana eller Grana Padano, fint riven

**Vägbeskrivning:**

a) Färsk deg på en pizzasten. Pudra ett pizzaskal med mjöl. Placera degen i skalets mitt och forma degen till en stor cirkel genom att fördjupa den med fingertopparna. Ta upp degen och rotera den genom att hålla i kanten, dra lätt i den medan du gör det, tills skorpan är en cirkel med en diameter på cirka 14 tum. Lägg den med mjölad sida nedåt på skalet.

b) Färsk deg på en pizzabricka. Smörj det ena eller det andra med nonstick-spray. Lägg degen på plåten eller bakplåten och grop degen med fingertopparna tills det är en tillplattad cirkel. Smält smöret i en stor kastrull på medelvärme. Vispa i mjölet tills det är slätt och den resulterande blandningen blir mycket ljusblond, cirka 1 minut.

c) Sänk värmen till medel-låg och vispa i mjölken, häll den i en långsam, jämn ström i smör- och mjölblandningen. Fortsätt att vispa över värmen tills det tjocknat, som smält glass, kanske lite tunnare, ca 3 minuter eller vid första tecknet på att det sjuder. Ta kastrullen från värmen och vispa i strimlad cheddar, senap, timjan, salt och het rödpepparsås (efter smak). Kyl i 10 till 15 minuter, vispa då och då.

d) Om du arbetar med en bakad skorpa, hoppa över det här steget. Om du använder färsk deg, skjut den formade men ännu inte toppade skorpan från skalet till den heta stenen eller placera skorpan på sin plåt eller bakplåt antingen i ugnen eller över den ouppvärmda delen av grillgallret. Grädda eller grilla med locket stängt tills skorpan är ljusbrun, var noga med att poppa eventuella luftbubblor som uppstår över ytan eller i kanten, cirka 12 minuter. Skjut tillbaka skalet under skorpan för att ta bort det från stenen – eller överför pizzabrickan med skorpan till ett galler.

e) Bred ut den tjocka ostsåsen över skorpan, lämna en 1/2-tums kant vid kanten. Toppa med broccolibuktorerna, fördela dem jämnt över såsen. Strö över riven Parmigiana.

## 4. Broccoli och tomatsås pizza

## Ingrediens

- Antingen gult majsmjöl för att pudra ett pizzaskal eller olivolja för att smörja en pizzabricka

- 1 hemmagjord deg

- 1 stor burk pimiento eller rostad röd paprika

- 1/2 tsk röd paprikaflingor

- 1/2 kopp klassisk pizzasås

- 3 uns mozzarella, strimlad

- 3 uns provolone, Muenster eller Havarti, strimlad

- 2 koppar frysta broccolibuktor eller färska buketter, ångade

- 1 uns Parmigiana eller Grana Padano, fint riven

## Vägbeskrivning

a) Färsk deg på en pizzasten. Pudra ett pizzaskal med mjöl och ställ in degen i mitten. Forma degen till en stor cirkel genom att fördjupa den med fingertopparna.

b) Färsk deg på en pizzasten. Pudra ett pizzaskal med majsmjöl. Lägg degen som en klump på skalet och fördjupa den sedan med fingertopparna tills det är en stor cirkel. Ta upp degen, håll den i kanten med båda händerna och rotera den, sträck ut något, tills det är en cirkel med en diameter på cirka 14 tum. Lägg den med majsmjölssidan nedåt på skalet. Om du har använt dinkelpizzadegen kan den vara för ömtålig att forma med den här tekniken

c) Färsk deg på en pizzabricka. Smörj plåten eller bakplåten med olivolja. Lägg degen på någondera och fördjupa den med fingertopparna – dra och tryck sedan till degen tills den bildar en 14-tums cirkel på brickan eller en oregelbunden rektangel, 13 tum lång och 7 tum bred, på bakplåten. En bakad skorpa. Lägg den på ett mjölat pizzaskal om du använder en pizzasten – eller lägg den bakade skorpan direkt på en pizzabricka.

d) Purea pimienton med rödpepparflingorna i en minimatberedare tills den är slät. Alternativt, mal dem i en mortel med en mortelstöt tills en slät pasta. Avsätta. Fördela pizzasåsen jämnt över den förberedda skorpan, lämna en 1/2-tums kant vid kanten. Toppa med båda rivna ostarna, håll den gränsen intakt.

e) Strö broccolibuktionerna runt pajen och lämna återigen den kanten intakt. Pricka pimientopurén över toppen, använd cirka 1 tsk för varje klick. Toppa med finriven Parmigiana. Skjut försiktigt in pizzan från skalet på den heta stenen – eller om du har använt en pizzabricka eller bakplåt, placera antingen med sin paj i ugnen eller över den ouppvärmda delen av grillgallret.

f) Grädda eller grilla med locket stängt tills osten har smält, den röda såsen är tjock och skorpan är gyllenbrun och fast vid beröring, 16 till 18 minuter.

g) Skjut antingen tillbaka skalet under pizzan för att ta bort den från den mycket heta stenen eller överför pizzan på plåten eller bakplåten till ett galler. Om du vill säkerställa att skorpan förblir krispig tar du bort pajen från skalet, brickan eller bakplåten efter att den har svalnat i cirka 1 minut och placerar pizzan direkt på gallret. Kyl i alla fall i totalt 5 minuter innan du skivar.

## 5. Buffalo Chicken Pizza

**Ingrediens**

- Antingen gult majsmjöl för att pudra ett pizzaskal eller osaltat smör för att smörja en pizzabricka
- 1 hemmagjord deg
- 1 msk osaltat smör
- 10 uns benfria kycklingbröst utan skinn, tunt skivade
- 1 msk varm röd paprikasås, gärna Tabasco
- 1 msk Worcestershiresås
- 6 matskedar chilesås på flaska, såsom Heinz
- 3 uns mozzarella, strimlad
- 3 uns Monterey Jack, strimlad
- 3 medelstora selleri revben, tunt skivade
- 2 uns blåmögelost, såsom Gorgonzola, dansk blå eller Roquefort

**Vägbeskrivning**

a) Färsk deg på en pizzasten. Pudra ett pizzaskal med mjöl och ställ in degen i mitten. Forma degen till en stor cirkel genom att fördjupa den med fingertopparna.

b) Färsk deg på en pizzasten. Pudra ett pizzaskal med majsmjöl. Placera degen i skalets mitt och forma degen till en stor cirkel genom att fördjupa den med fingertopparna. Ta upp degen och forma den med händerna, håll i kanten, vänd långsamt på degen tills den är en cirkel med en diameter på cirka 14 tum. Lägg den med majsmjölssidan nedåt på skalet.

c) Färsk deg på en plåt. Smörj lite osaltat smör på en pappershandduk, gnid sedan runt en pizzabricka för att smörja in den ordentligt. Lägg degen på plåten eller bakplåten och grop degen med fingertopparna tills det är en tillplattad cirkel. Dra sedan och tryck på den tills den bildar en 14-tums cirkel på brickan eller en oregelbunden 12 × 7-tums rektangel på bakplåten. En bakad skorpa. Lägg den på ett majsmjölsdammat pizzaskal om du använder en pizzasten - eller lägg den bakade skorpan på en smörad pizzabricka eller en stor bakplåt.

d) Smält smöret i en stor stekpanna eller wok på medelvärme. Tillsätt den skivade kycklingen, rör om ofta, tills den är genomstekt, cirka 5 minuter. Ta bort stekpanna eller woken från värmen och rör ner den varma rödpepparsåsen och Worcestershiresåsen. Fördela chilisåsen över skorpan, var noga med att lämna en 1/2-tums kant vid kanten. Lägg den överdragna skivade kycklingen över såsen.

e) Toppa med den strimlade mozzarellan och Monterey Jack, bevara kanten på skorpan. Strö den skivade sellerin jämnt över pajen. Smula till sist ner ädelosten jämnt i små droppar och klumpar över det andra pålägget.

## 6. Mangold och Blue Cheese Pizza

**Ingrediens**

- Gult majsmjöl för skalet eller nonstick-spray för pizzabrickan eller bakplåten
- 1 hemgjord deg,
- 2 msk osaltat smör
- 3 vitlöksklyftor, hackade
- 4 koppar tätt packade, strimlade, skaftade mangoldblad
- 6 uns mozzarella, strimlad
- 1/3 kopp smulad Gorgonzola, dansk blå eller Roquefort
- 1/2 tsk riven muskotnöt
- Upp till 1/2 tsk rödpepparflingor, valfritt

**Vägbeskrivning**

a) Färsk deg på en pizzasten. Pudra ett pizzaskal med mjöl och ställ in degen i mitten. Forma degen till en stor cirkel genom att fördjupa den med fingertopparna.

b) Färsk pizzadeg på en pizzasten. Pudra ett pizzaskal med majsmjöl och ställ sedan degen i mitten. Forma den till en stor cirkel genom att fördjupa den med fingertopparna. Ta upp den och forma den med händerna, håll i kanten, vänd långsamt på degen tills den är cirka 14 tum i diameter. Lägg den med mjölad sida nedåt på skalet.

c) Färsk deg på en pizzabricka. Smörj endera med non-stick spray. Lägg degen på plåten eller bakplåten och fördjupa degen med fingertopparna - dra sedan och tryck till den tills den bildar en 14-tums cirkel på plåten eller en 12 × 7-tums oregelbunden rektangel på bakplåten.

d) En bakad skorpa. Lägg den på ett pizzaskal om du använder en pizzasten - eller lägg den bakade skorpan direkt på en pizzabricka.

e) Hetta upp smöret i en stor stekpanna på medelvärme. Tillsätt vitlöken och koka i 1 minut.

f) Tillsätt grönsakerna och koka, blanda ofta med en tång eller två gafflar, tills de är mjuka och vissnade, cirka 4 minuter. Avsätta.

g) Strö den strimlade mozzarellan över degen, lämna en 1/2-tums kant runt kanten.

h) Toppa med grönsaksblandningen från stekpannan och strö sedan ädelosten över pizzan. Riv muskotnöten över toppen och strö på rödpepparflingorna, om så önskas.

i) För pizzan från skalet till den heta stenen eller lägg pajen på sin plåt eller mjölplåt antingen i ugnen eller på den ouppvärmda delen av grillen. Grädda eller grilla med locket stängt tills osten har smält och bubblar och skorpan är fast vid beröring, 16 till 18 minuter. Skjut tillbaka skalet under pajen för att ta bort det från den varma stenen och lägg det sedan åt sidan - eller överför pajen på plåten eller bakplåten till ett galler. Kyl i 5 minuter innan du skär upp.

## 7. Chorizo och Red Pepper Pizza

**Ingrediens**

- Antingen universalmjöl för att pudra av skalet eller nonstick-spray för att smörja pizzabrickan
- 1 hemgjord deg,
- 1 medelstor röd paprika
- soltorkade tomater förpackade i olja
- 1 vitlöksklyfta, i fjärdedelar
- uns mozzarella eller Monterey Jack, strimlad
- 4 uns (1/4 pund) färdig att äta spansk chorizo, tunt skivad
- 1/2 dl skivade urkärnade gröna oliver
- 3 uns Manchego eller Parmigiana, rakad i tunna strimlor

**Vägbeskrivning**

a) Färsk deg på en pizzasten. Pudra ett pizzaskal med mjöl och ställ in degen i mitten. Forma degen till en stor cirkel genom att fördjupa den med fingertopparna.

b) Färsk deg på en pizzasten. Börja med att pudra ett pizzaskal med mjöl och ställ sedan in degen i mitten. Använd fingertopparna för att fördjupa degen, bred ut den lite tills det är en tillplattad cirkel. Plocka upp den och forma den genom att hålla i kanten och sakta vrida den tills den är cirka 14 tum i diameter. Lägg den med mjölad sida nedåt på skalet.

c) Färsk deg på en plåt. Smörj en pizzabricka med non-stick spray. Lägg degen på plåten eller bakplåten, fördjupa den med fingertopparna tills det är en tillplattad cirkel - dra sedan och tryck till den tills den bildar en 14-tums cirkel på plåten eller en oregelbunden 12 × 17-tums rektangel på bakplåten. En bakad skorpa. Lägg den på ett mjölat pizzaskal om du använder en pizzasten – eller lägg den bakade skorpan direkt på en pizzabricka.

d) Placera paprikan på en liten bakplåt med läppar och stek 4 till 6 tum från en förvärmd broiler tills den är svärtad runt om, vänd då och då, cirka 4 minuter. I båda fallen, placera den svärtade paprikan i en liten skål och förslut tätt med plastfolie eller försegla i en papperspåse. Ställ åt sidan i 10 minuter.

e) Skala av de yttre svärtade bitarna från paprikan. Det finns ingen anledning att ta bort varje liten svart bit. Stam, kärna ur och kärna ur paprikan innan du river den i stora bitar. Lägg dessa bitar i en matberedare. Tillsätt de soltorkade tomaterna och vitlöken tills en ganska slät pasta, skrapa ner sidorna med en gummispatel vid behov. Fördela pepparblandningen över skorpan, lämna en 1/2-tums kant vid kanten. Toppa pepparblandningen med den rivna osten och arrangera sedan chorizoskivorna över pizzan.

f) Strö oliverna över pajen och lägg sedan de rakade remsorna av Manchego över påläggen.

## 8. Delicata Squash och Chard Pizza

**Ingrediens**

- Allroundmjöl till pizzaskalet eller olivolja till pizzabrickan
- 1 hemmagjord deg
- 1 msk osaltat smör
- liten gul lök, hackad (ca 1/2 kopp)
- kopp fröad och tärnad delicata squash (2 eller 3 medium squash)
- 4 koppar hackade, skaftade mangoldblad
- 1/4 kopp torrt vitt vin eller torr vermouth
- matsked lönnsirap
- 1 tsk malda salviablad
- 1/2 tsk mald kanel
- 1/2 tsk salt
- 1/2 tsk nymalen svartpeppar
- 8 uns Fontina, strimlad

**Vägbeskrivning**

a)  Färsk deg på en pizzasten. Pudra ett pizzaskal med mjöl och ställ in degen i mitten. Forma degen till en stor cirkel genom att fördjupa den med fingertopparna.

b)  Färsk deg på en pizzasten. Pudra ett pizzaskal lätt med mjöl. Tillsätt degen och forma den till en stor cirkel genom att fördjupa den med fingertopparna. Ta upp den med båda händerna vid kanten och rotera den långsamt, låt gravitationen sträcka ut cirkeln samtidigt som du också gör det vid kanten, tills den är cirka 14 tum i diameter. Lägg den formade degen med mjölad sida nedåt på skalet.

c)  Färsk deg på en pizzabricka. Smörj plåten eller bakplåten lätt med lite olivolja. Lägg degen i mitten och fördjupa degen med fingertopparna för att platta ut den till en tjock cirkel – dra sedan och tryck till den tills den bildar en 14-tums cirkel på plåten eller en oregelbunden 12 × 7-tums rektangel på bakplåten.

d)  En bakad skorpa. Lägg den på ett mjölat pizzaskal om du använder en pizzasten - eller lägg den bakade skorpan på en pizzabricka. Smält smöret i en stor stekpanna på medelvärme, tillsätt sedan löken och koka, rör om ofta, tills det är genomskinligt, cirka 3 minuter. Rör ner den tärnade squashen och koka, rör om då och då, i 4 minuter. Tillsätt hackad mangold och häll i vin eller vermouth. Rör hela tiden tills delvis vissnat och rör sedan ner lönnsirap, salvia, kanel, salt och peppar.

e) Kasta väl, täck över, sänk värmen till låg och koka, rör om då och då, tills mangold och squash är mjuk och vätskan har avdunstat till en glasyr, cirka 8 minuter. Fördela den strimlade Fontina jämnt över skorpan, lämna en 1/2-tums kant runt kanten.

f) Häll squash- och mangoldtoppen jämnt över osten. Ta bort skorpan från skalet och på den uppvärmda stenen eller lägg pajen på plåten eller bakplåten i ugnen eller över den ouppvärmda delen av grillen. Grädda eller grilla med locket stängt tills osten bubblar och skorpan har blivit gyllenbrun, 16 till 18 minuter.

g) Skjut tillbaka skalet under skorpan för att ta bort det från stenen och svalna i 5 minuter, eller överför pajen på sin plåt eller bakplåt till ett galler för att svalna i 5 minuter.

## 9. Duck Confit Pizza

## Ingrediens

- Allroundmjöl för pizzaskalet eller nonstick-spray för pizzabrickan
- 1 hemmagjord deg
- 4 uns (1/4 pund) Gruyère, strimlad
- 1/3 kopp konserverade vita bönor, avrunna och sköljda
- 1 huvud rostad vitlök
- 2 msk malda salviablad eller 1 msk torkad salvia
- 2 tsk stammade timjanblad eller 1 tsk torkad timjan
- 1/2 tsk salt
- 1/2 tsk nymalen svartpeppar
- 4 uns ankconfiteringsben, urbenade och köttet strimlat
- 2 uns rökt, ätfärdig kielbasa, tunt skivad
- 1 1/2 uns Parmigiana, fint riven

## Vägbeskrivning

a) Färsk deg på en pizzasten. Pudra ett pizzaskal med mjöl och ställ in degen i mitten. Forma degen till en stor cirkel genom att fördjupa den med fingertopparna.

b) Färsk deg på en pizzasten. När du har pudrat ett pizzaskal med mjöl, ställ in degen i mitten och fördjupa degen med fingertopparna, sträck ut den tills det är en tillplattad, vågig cirkel. Plocka upp den i kanten och rotera den långsamt i dina händer, sträck ut kanten medan du gör det, tills det är en cirkel med en diameter på cirka 14 tum. Lägg degen med den mjölade sidan nedåt på skalet.

c) Färsk deg på en pizzabricka. Smörj antingen med nonstick-spray och ställ in degen i mitten. Fördjupa degen med fingertopparna - dra sedan och tryck till degen tills den bildar en 14-tums cirkel på brickan eller en oregelbunden rektangel, cirka 12 tum lång och 7 tum bred, på bakplåten. En bakad skorpa. Lägg den på ett mjölat pizzaskal om du använder en pizzasten - eller lägg den bakade skorpan på en smord pizzabricka.

d) Bred ut den strimlade Gruyère över skorpan, lämna en 1/2-tums kant vid kanten. Toppa osten med bönorna och pressa sedan ut vitlöksmassan över pizzan. Om du använder köpt rostad vitlök, kvartera klyftorna så att de kan strö över pajen. Strö över salvia, timjan, salt och peppar.

e) Lägg det strimlade ankconfiterade köttet och kielbasa-rundorna över pajen, toppa sedan med riven Parmigiana. Skjut pajen från skalet på den uppvärmda stenen eller lägg pajen på sin pizzabricka antingen i ugnen eller på den ouppvärmda delen av grillens galler.

f) Grädda eller grilla med locket stängt tills skorpan är lätt brynt och något fast vid beröring, 16 till 18 minuter. Om några luftbubblor dyker upp runt kanterna på färsk deg, sticka dem med en gaffel.

## 10.     Köttbulspizza

**Ingrediens**

- Antingen universalmjöl till pizzaskalet eller olivolja till pizzabrickan
- 1 hemmagjord deg
- 8 uns (1/2 pund) magert nötfärs
- 1/4 dl hackad bladpersilja
- 2 msk vanligt torkat brödsmulor
- 1/2 uns Asiago, Grana Padano eller Pecorino, finriven
- 2 tsk malet oreganoblad eller 1 tsk torkad oregano
- 1/2 tsk fänkålsfrön
- 1/4 tsk salt
- 1/4 tsk nymalen svartpeppar 5 vitlöksklyftor, hackade
- 1 msk olivolja
- 1 liten gul lök, hackad (ca 1/2 kopp)
- 14-ounce burk krossade tomater
- 1 tsk stammade timjanblad

- 1/4 tsk riven eller malen muskotnöt och 1/4 tsk mald kryddnejlika
- 1/4 tsk röd paprikaflingor
- 6 uns mozzarella, strimlad
- 2 uns Parmigiana, rakad i tunna strimlor

**Vägbeskrivning**

a) Färsk deg på en pizzasten. Pudra ett pizzaskal med mjöl, placera degen i mitten och forma degen till en stor cirkel genom att göra en grop med fingertopparna. Plocka upp den och forma den genom att hålla i kanten och rotera den, samtidigt som du sträcker den försiktigt tills den är cirka 14 tum i diameter. Lägg den med mjölad sida nedåt på skalet.

b) Färsk deg på en pizzabricka. Doppa lite olivolja på hushållspapper och smörj plåten. Lägg degen i mitten och fördjupa degen med fingertopparna tills det är en tillplattad cirkel – dra sedan och tryck till den tills den bildar en 14-tums cirkel på brickan eller en oregelbunden 12 × 7-tums rektangel på bakplåten.

c) Lägg den på ett mjölat pizzaskal om du använder en pizzasten - eller lägg den bakade skorpan på en smord pizzabricka.

d) Blanda nötfärs, persilja, ströbröd, riven ost, oregano, fänkålsfrön, 1/2 tsk salt, 1/2 tsk peppar och 1 hackad vitlöksklyfta i en stor skål tills det är väl blandat. Forma till 10 köttbullar, använd cirka 2 matskedar av blandningen för varje.

e) Hetta upp olivoljan i en stor kastrull på medelvärme. Tillsätt löken och de återstående 4 hackade vitlöksklyftorna koka, rör ofta, tills den mjuknat, cirka 3 minuter.

f) Rör ner de krossade tomaterna, timjan, muskotnöt, kryddnejlika, rödpepparflingor, den återstående 1/4 tsk salt och den återstående 1/4 tsk peppar. Tillsätt köttbullarna och låt koka upp.

g) Sänk värmen till låg och låt puttra utan lock tills såsen har tjocknat och köttbullarna är genomstekta, cirka 20 minuter. Kyl i rumstemperatur i 20 minuter.

h) Bred ut den strimlade mozzarellan över den beredda skorpan, lämna en 1/2-tums kant vid kanten. Ta bort köttbullarna från tomatsåsen och ställ dem åt sidan. Skeda och fördela tomatsåsen över osten, var noga med att hålla bården intakt.

i) Skär varje köttbulle på mitten och lägg halvorna med snittsidan nedåt över hela pajen. Toppa med den tärnade paprikan och sedan den rakade Parmigiana. Häll pizzan från skalet till den heta stenen eller lägg pizzan på plåten eller bakplåten antingen i ugnen eller över den ouppvärmda delen av grillgallret.

j) Grädda eller grilla med locket stängt tills såsen bubblar och skorpan har blivit gyllenbrun, 16 till 18 minuter. Skjut tillbaka skalet under skorpan för att ta bort det från den varma stenen eller överför pajen på plåten till ett galler. Kyl i 5 minuter innan du skär upp.

## 11.     Mexikansk räkpizza

### Ingrediens

- Allsidigt mjöl för att damma av pizzaskalet eller nonstick-spray för att smörja pizzabrickan
- 1 hemgjord deg,
- 6 uns medelstora räkor (cirka 30 per pund), skalade och deveirade
- 8 uns (1/2 pund) körsbärstomater, hackade
- 1 medelstor schalottenlök, finhackad
- 11/2 msk hackade korianderblad
- 1 msk extra virgin olivolja
- 1 tsk rödvinsvinäger
- 1/4 tsk salt
- 6 uns Cheddar, strimlad
- 1 medelstor burk inlagd jalapeño, kärnad och finhackad
- 1 tsk spiskummin, krossade

### Vägbeskrivning

a) Färsk deg på en pizzasten. Pudra ett pizzaskal med mjöl, lägg degen i mitten och forma degen till en stor, tillplattad cirkel genom att gropa den med fingertopparna. Ta upp den och forma den genom att hålla i kanten och sakta vända och sträcka ut degen tills den är cirka 14 tum i diameter. Lägg den med mjölad sida nedåt på skalet.

b) Färsk deg på en pizzabricka. Smörj antingen med nonstick-spray och ställ sedan in degen i mitten. Fördjupa degen med fingertopparna – dra sedan och tryck till degen tills den bildar en cirkel med cirka 14 tum i diameter på plåten eller en oregelbunden 12 × 7-tums rektangel på bakplåten. En bakad skorpa. Lägg den på ett pizzaskal om du använder en pizzasten - eller lägg den bakade skorpan direkt på en pizzabricka.

c) Passa en medelstor kastrull med en grönsaksångare. Tillsätt en tum vatten (men inte så att vattnet rider upp i ångbåten) i pannan och koka upp vattnet på hög värme. Tillsätt räkorna, täck över, sänk värmen till låg och ånga tills den är rosa och fast, cirka 3 minuter. Ta bort och fräscha under kallt vatten för att stoppa kokningen. Skär i lagom stora bitar. Blanda körsbärstomater, schalottenlök, koriander, olivolja, vinäger och salt i en liten skål. Bred ut denna blandning över den förberedda skorpan, lämna en 1/2-tums kant vid kanten.

d) Toppa med den strimlade cheddaren och strö sedan över de hackade räkorna, malet jalapeño och de krossade spiskumminfröna. Skjut pizzan från skalet till den heta stenen eller lägg pajen på plåten eller bakplåten antingen i ugnen eller på den del av grillgallret som inte är direkt över värmekällan eller kolen. Grädda eller grilla med locket stängt tills skorpan är gyllene och osten har smält, 16 till 18 minuter. Om du arbetar med färsk deg, oavsett om den är hemgjord eller köpt i butik, kontrollera den då och då så att du kan sticka eventuella luftbubblor som kan uppstå på dess yta. När pizzan är klar, skjut tillbaka skalet under det för att få bort det från stenen eller överför pajen på plåten eller bakplåten till ett galler. Kyl i 5 minuter innan du skivar och serverar.

## 12. Nacho Pizza

**Ingrediens**

- Gult majsmjöl för att pudra av pizzaskalet eller nonstick-spray för att smörja pizzabrickan
- 1 hemmagjord deg
- 11/4 koppar konserverade refried bönor
- 6 uns Monterey Jack, strimlad
- 3 medelstora plommontomater, hackade
- 1/2 tsk malen spiskummin
- tsk malet oreganoblad eller 1/2 tsk torkad oregano
- 1/2 tsk salt
- 1/2 tsk nymalen svartpeppar
- 1/3 kopp salsa
- 1/2 kopp vanlig eller mager gräddfil
- Inlagda jalapeñoskivor i burk, efter smak

**Vägbeskrivning**

a) Färsk deg på en pizzasten. Pudra ett pizzaskal med majsmjöl, placera degen i mitten och forma degen till en stor cirkel genom att gropa den med fingertopparna. Ta upp den och forma den med händerna vid kanten, vänd långsamt på degen tills den är cirka 14 tum i diameter. Lägg den med majsmjölssidan nedåt på skalet.

b) Färsk deg på en pizzabricka. Smörj plåten eller bakplåten med nonstick-spray. Lägg degen i mitten och fördjupa degen med fingertopparna tills det är en stor, tillplattad cirkel – dra sedan och tryck till den tills den bildar en 14-tums cirkel på brickan eller en oregelbunden rektangel, cirka 12 × 7 tum, på bakplåten.

c) En bakad skorpa. Lägg den på ett pizzaskal om du använder en pizzasten - eller lägg den bakade skorpan direkt på en pizzabricka. Använd en gummispatel för att fördela de frysta bönorna över skorpan, täck den jämnt men lämna en 1/2-tums kant vid kanten. Toppa bönorna med den strimlade Monterey Jack.

d) Rör de hackade tomaterna, spiskummin, oregano, salt och peppar i en stor skål och fördela sedan jämnt över osten. Fördela salsan i små skedar över skorpan. Lägg pizzan från skalet till den uppvärmda stenen eller lägg pajen på sin plåt eller bakplåt i ugnen eller på grillgallret över indirekt värme. Grädda eller grilla med locket stängt tills osten bubblar och bönorna är varma,

e) Skjut tillbaka skalet under skalet och ställ åt sidan eller för över pajen på plåten eller bakplåten till ett galler. Kyl i 5 minuter. För en krispigare skorpa, ta bort pizzan från skalet, brickan eller bakplåten efter en minut eller två för att låta den svalna direkt på gallret.

f) Toppa pajen med klick gräddfil och hur många jalapeñoskivor du vill innan du skivar och serverar.

13.     ärtor och morötter pizza

**Ingrediens**

- Allroundmjöl för pizzaskalet eller nonstick-spray för pizzabrickan
- 1 hemmagjord deg
- 2 msk osaltat smör
- 11/2 msk universalmjöl
- 1/2 kopp hel, mager eller fettfri mjölk
- 1/2 kopp tung, vispning eller lätt grädde 3 uns
- 2 tsk stammade timjanblad eller 1 tsk torkad timjan
- 1/2 tsk riven muskotnöt
- kopp färska skalade ärtor eller frysta ärtor, tinade
- kopp tärnade morötter (om du använder frysta, tinade sedan)
- 3 vitlöksklyftor, hackade
- 1 uns Parmigiana, fint riven

**Vägbeskrivning**

a) Färsk deg på en pizzasten. Pudra ett pizzaskal med mjöl, ställ in degen i mitten och fördjupa degen till en tillplattad, stor cirkel med fingertopparna. Ta upp den och forma den genom att hålla i kanten, rotera den långsamt och försiktigt sträcka ut degen tills cirkeln är cirka 14 tum i diameter. Lägg degen med den mjölade sidan nedåt på skalet.

b) Färsk deg på en pizzabricka. Smörj antingen med nonstick-spray och ställ in degen i mitten av någondera. Fördjupa degen med fingertopparna tills det är en tillplattad, klämd cirkel – dra sedan och tryck till den tills den bildar en 14-tums cirkel på brickan eller en 12 × 7-tums oregelbunden rektangel på bakplåten. En bakad skorpa. Lägg den på ett mjölat pizzaskal om du använder en pizzasten – eller lägg den bakade skorpan direkt på en pizzabricka. Smält smöret i en stor stekpanna på medelvärme. Vispa i mjölet och fortsätt vispa tills det är slätt och mycket ljus beige. Vispa i mjölken i en långsam, jämn ström och vispa sedan i grädden. Fortsätt vispa över värmen tills den blir tjock, ungefär som en ganska tunn smält glass. Rör ner den rivna osten, timjan och muskotnöten tills den är slät. Kyl i rumstemperatur i 10 minuter.

c) Under tiden, skjut den otoppade skorpan från skalet till den uppvärmda stenen eller placera skorpan på dess plåt antingen i ugnen eller över den ouppvärmda delen av grillgallret. Grädda eller grilla med locket stängt tills skorpan precis börjar kännas fast i kanterna och precis börjar få färg, cirka 10 minuter. Om du använder färsk deg måste du spränga alla luftbubblor som kan uppstå över dess yta eller vid kanterna när den gräddas. Skjut tillbaka skalet under den delvis gräddade skorpan och ta bort den från ugnen eller grillen - eller för över skalet på plåten eller bakplåten till ett galler.

d) Bred ut den förtjockade mjölkbaserade såsen över skorpan, lämna en 1/2-tums kant vid kanten. Toppa såsen med ärtorna och morötterna, strö sedan vitlöken jämnt över pajen. Strö till sist den rivna parmigianaen över påläggen.

## 14.　　　Philly Cheesesteak Pizza

**Ingrediens**

- Allroundmjöl för pizzaskalet eller nonstick-spray för pizzabrickan
- 1 hemgjord deg,
- 1 msk osaltat smör
- 1 liten gul lök, halverad genom stjälken och tunt skivad
- 1 liten grön paprika, kärnad och mycket tunt skivad
- 2 msk Worcestershiresås
- Flera streck varm röd paprikasås
- 6 matskedar klassisk pizzasås
- 8 uns (1/2 pund) mozzarella, strimlad
- 6 uns deli rostbiff, rakat papper tunt och skär i remsor
- 3 uns provolon, strimlad

**Vägbeskrivning**

a) Färsk deg på en pizzasten. Pudra ett pizzaskal lätt med mjöl. Tillsätt degen och forma den till en stor cirkel genom att fördjupa den med fingertopparna. Plocka upp den i kanten och forma den genom att långsamt vrida den och försiktigt sträcka ut den tills den är cirka 14 tum i diameter. Lägg den med mjölad sida nedåt på skalet.

b) Färsk deg på en pizzabricka. Smörj plåten eller bakplåten med nonstick-spray. Lägg degen i mitten och fördjupa den med fingertopparna tills det är en klämd cirkel – dra sedan och tryck till degen tills den bildar en cirkel med en diameter på cirka 14 tum på brickan eller en oregelbunden rektangel, cirka 12 × 7 tum, på bakplåten.

c) En bakad skorpa. Lägg den på ett mjölat pizzaskal om du använder en pizzasten - eller lägg den bakade skorpan på en pizzabricka. Smält smöret i en stor stekpanna på medelvärme. Tillsätt löken och paprikan koka, rör om ofta, tills den mjuknat, cirka 5 minuter. Rör ner Worcestershiresåsen och den varma rödpepparsåsen (efter smak). Fortsätt koka tills vätskan i stekpannan har reducerats till en glasyr, ca 2 minuter till. Kyl vid rumstemperatur i 5 minuter. Använd en gummispatel för att fördela pizzasåsen över den förberedda skorpan, lämna en 1/2-tums kant vid kanten. Toppa med den strimlade mozzarellan.

d) Lägg rostbiffstrimlorna jämnt över pajen, skeda och fördela sedan grönsaksblandningen över nötköttet. Toppa med den strimlade provolonen.

e) Häll pizzan från skalet till den heta stenen eller lägg pizzan på plåten eller bakplåten antingen i ugnen eller över den del av grillgallret som inte ligger rakt över värmekällan.

f) Grädda eller grilla med locket stängt tills skorpan är gyllene, jämnt brynt på undersidan och osten har smält och till och med börjat bli mycket ljusbrun, cirka 18 minuter.

g) En eller två gånger, kontrollera färsk deg, oavsett om den är hemgjord eller köpt i butik, för att sticka eventuella luftbubblor som kan uppstå på dess yta, särskilt i kanten.

## 15. Polynesisk pizza

## Ingrediens

- Allsidigt mjöl för att damma av pizzaskalet eller nonstick-spray för att smörja pizzabrickan

- 1 hemmagjord deg

- 3 matskedar söt tjock sojasås

- 6 uns mozzarella, strimlad

- 3 uns kanadensiskt bacon, tärnad

- 1 kopp färska ananasbitar

- 1/2 dl tunt skivad salladslök

- matsked sesamfrön

## Vägbeskrivning

a) Färsk deg på en pizzasten. Pudra ett pizzaskal med mjöl, ställ in degen i mitten och forma degen till en stor, tillplattad cirkel genom att fördjupa den med fingertopparna. Plocka upp den i kanten och sträck den genom att rotera den tills den är cirka 14 tum i diameter. Lägg den formade degen med mjölad sida nedåt på skalet.

b) Färsk deg på en pizzabricka. Smörj plåten eller bakplåten med nonstick-spray. Lägg degen i mitten av endera och fördjupa degen med fingertopparna - dra sedan och tryck till den tills den bildar en 14-tums cirkel på brickan eller en oregelbunden 12 × 7-tums rektangel på bakplåten.

c) En bakad skorpa. Lägg den på ett mjölat pizzaskal om du använder en pizzasten - eller lägg den bakade skorpan på en pizzabricka.

d) Fördela sojasåsen jämnt över degen, lämna en 1/2-tums kant vid kanten. Strö den strimlade mozzarellan jämnt över såsen.

e) Toppa pizzan med kanadensiskt bacon, ananasbitar och skivad salladslök – strö sedan sesamfröna jämnt över pajen.

f) Ta bort skalet från skalet till den mycket heta stenen eller lägg pajen på sin plåt eller bakplåt i ugnen eller på grillen över den ouppvärmda delen. Grädda eller grilla med locket stängt tills osten har smält och skorpan är gyllenbrun, 16 till 18 minuter.

g) Skjut tillbaka skalet under skorpan för att ta bort det från den varma stenen eller överför pajen på sin plåt eller bakplåt till ett galler. Kyl pizzan på skalet eller bakgallret i 5 minuter innan den skivas. För att säkerställa att skorpan förblir krispig, överför pizzan från skalet, brickan eller bakplåten direkt till gallret efter någon minut.

16.     Pot Pie Pizza

**Ingrediens**

- Gul majsmjöl till pizzaskalet eller nonstick-spray till pizzabrickan
- 1 hemmagjord deg
- 1 msk osaltat smör
- 1 1/2 msk universalmjöl
- 1 kopp hel, låg fetthalt eller fettfri mjölk, vid rumstemperatur
- 1 msk dijonsenap
- 1 1/2 tsk timjanblad eller 1 tsk torkad timjan
- 1 tsk malet salviablad eller 1/2 tsk torkad salvia
- 1 kopp hackat, skalat, urbenat, kokt kyckling- eller kalkonkött
- 2 koppar frysta blandade grönsaker, tinade
- 2 tsk Worcestershiresås
- 1/2 tsk salt
- 1/2 tsk nymalen svartpeppar
- Flera streck varm röd paprikasås

- 6 uns Gouda, Emmental, Swiss eller Cheddar, strimlad

**Vägbeskrivning**

a) Färsk deg på en pizzasten. Börja med att pudra ett pizzaskal med majsmjöl och ställ sedan degen i mitten. Fördjupa degen med fingertopparna till en stor, tillplattad cirkel – ta sedan upp den, håll den i kanten och rotera den framför dig, samtidigt som du försiktigt sträcker den tills den är cirka 14 tum i diameter. Lägg den formade degen med majsmjölssidan nedåt på skalet.

b) Färsk deg på en pizzabricka. Smörj det ena eller det andra med nonstick-spray. Lägg degen i mitten av endera och fördjupa degen med fingertopparna - dra sedan och tryck till den tills den bildar en cirkel med cirka 14 tum i diameter på brickan eller en 12 × 7-tums oregelbunden rektangel på bakplåten.

c) En bakad skorpa. Lägg den på ett majsmjölsdammat pizzaskal om du använder en pizzasten - eller placera den bakade skorpan direkt på en pizzabricka.

d) Smält smöret i en stor kastrull på medelvärme. Vispa i mjölet tills det är ganska slätt, fortsätt sedan vispa över värmen tills det är ljust blont, ca
e) sekunder.

f) Vispa i mjölken i en långsam, jämn ström. Fortsätt vispa över värmen tills den tjocknat, ungefär som smält glass. Vispa i senap och örter.

g) Ta kastrullen från värmen och rör ner köttet och grönsakerna och rör sedan ner Worcestershiresås, salt, peppar och varm rödpepparsås (efter smak).

h) Rör ner den rivna osten tills allt är enhetligt och täckt av såsen.

i) Fördela jämnt över skorpan, lämna en 1/2-tums kant vid kanten.

j) Ta bort skorpan från skalet och på stenen, eller lägg pajen på plåten eller bakplåten i ugnen eller över den ouppvärmda delen av grillen. Grädda eller grilla med locket stängt tills fyllningen bubblar och skorpan har blivit gyllenbrun och är något fast vid beröring, ca 18 minuter. Kolla på en paj med färsk deg då och då för att se till att det inte finns några luftbubblor i skorpan som bildas.

k) Skjut tillbaka skalet under skalet för att ta bort pajen från stenen eller överför pajen på sin plåt eller bakplåt till ett galler. Ställ åt sidan för att svalna i 5 minuter innan du skär upp. Om så önskas, överför pajen direkt till gallret efter någon minut för att låta skorpan svalna lite utan att vila mot en annan het yta.

## 17. Potatis-, lök- och chutneypizza

## Ingrediens

- Allsidigt mjöl för att damma av pizzaskalet eller nonstick-spray för att smörja pizzabrickan
- 1 hemmagjord deg
- 12 uns (3/4 pund) vit kokande potatis, såsom irländska skomakare, skalade
- 6 matskedar mango chutney, blåbär chutney eller annan fruktbaserad
- chutney
- 6 uns Monterey Jack, riven
- 3 msk malet dillblad eller 1 msk torkad dill
- 1 stor söt lök, till exempel en Vidalia

## Vägbeskrivning

a) Färsk deg på en pizzasten. Pudra ett pizzaskal lätt med mjöl. Tillsätt degen och forma den till en stor cirkel genom att fördjupa den med fingertopparna. Ta upp den, håll i kanten och rotera den långsamt, sträck ut den hela tiden, tills den är cirka 14 tum i diameter. Lägg degen med den mjölade sidan nedåt på skalet.

b) Färsk deg på en pizzabricka. Smörj plåten eller bakplåten med nonstick-spray. Lägg degen i mitten av endera fördjupningen av degen med fingertopparna tills det är en tjock, tillplattad cirkel – dra sedan och tryck till degen tills den bildar en 14-tums cirkel på brickan eller en oregelbunden 12 × 7-tums rektangel på bakplåten.

c) En bakad skorpa. Lägg den på ett pizzaskal om du använder en pizzasten - eller lägg den bakade skorpan på en pizzabricka. Medan ugnen eller grillen värms upp, koka upp ca 1-tums vatten i en stor kastrull utrustad med en grönsaksångare. Tillsätt potatisen, täck över, sänk värmen till medel och ånga tills den är mjuk när du sticker hål på den med en gaffel, cirka 10 minuter. Överför till ett durkslag i diskhon och svalna i 5 minuter, skär sedan i mycket tunna rundlar.

d) Fördela chutneyn jämnt över den beredda skorpan, lämna ungefär en 1/2-tums kant vid kanten. Toppa jämnt med riven Monterey Jack. Ordna potatisskivorna jämnt och dekorativt över pajen och strö sedan över dillen. Skär löken på mitten genom stjälken. Lägg den med snittsidan nedåt på din skärbräda och använd en mycket vass kniv för att göra papperstunna skivor. Dela dessa skivor i sina individuella remsor och lägg dessa över pajen.

e) Skjut pajen från skalet till den mycket heta stenen, var noga med att hålla toppingarna på plats eller lägg pajen på plåten eller bakplåten antingen i ugnen eller på den del av grillens galler som inte är direkt över värmen källa. Grädda eller grilla med locket stängt tills skorpan är lätt brynt i kanten, ännu mer mörkbrun på undersidan, 16 till 18 minuter. Om det uppstår luftbubblor i kanten eller i mitten av den färska degen, spräng dem med en gaffel för att få en jämn skorpa.

f) Lägg tillbaka skalet under den varma pajen på stenen eller överför pajen på sin plåt eller bakplåt till ett galler. Ställ åt sidan för att svalna i 5 minuter innan du skivar och serverar.

## 18. Prosciutto och Ruccola Pizza

**Ingrediens**

- Allroundmjöl till pizzaskalet eller olivolja till pizzabrickan
- 1 hemmagjord deg
- 1/4 kopp klassisk pizzasås
- 3 uns färsk mozzarella, tunt skivad
- 1/2 kopp packade ruccolablad, tjocka stjälkar borttagna 2 uns prosciutto,
- matsked balsamvinäger

**Vägbeskrivning**

a) Färsk deg på en pizzasten. Pudra ett pizzaskal med mjöl, ställ in degen i mitten och fördjupa degen till en stor, tillplattad cirkel med fingertopparna. Plocka upp den och forma den med händerna, håll i kanten, vrid den långsamt och sträck ut den tills den är cirka 14 tum i diameter. Lägg den formade degen med mjölad sida nedåt på skalet.

b) Färsk deg på en pizzabricka. Smörj antingen lätt med lite olivolja duttad på hushållspapper. Lägg degen på plåten eller bakplåten och fördjupa degen med fingertopparna - dra sedan och tryck till den tills den bildar en 14-tums cirkel på plåten eller en 12 × 7-tums ganska oregelbunden rektangel på bakplåten.

c) Lägg den på ett mjölat pizzaskal om du använder en pizzasten - eller lägg den bakade skorpan på en pizzabricka. Fördela pizzasåsen jämnt över skorpan, lämna en 1/2-tums kant vid kanten. Ordna mozzarellaskivorna jämnt över pajen, håll den där kanten ren.

d) Lägg ruccolabladen över pajen och toppa sedan med prosciutto-remsorna. För pizzan från skalet till den heta stenen eller lägg pajen på sin plåt eller bakplåt med pizzan antingen i ugnen eller på den del av grillgallret som inte är direkt över värmekällan.

e) Grädda eller grilla med locket stängt tills skorpan är gyllene samt något fast och osten har smält, 14 till 16 minuter. Om du arbetar med färsk deg, kontrollera den under de första 10 minuterna så att du kan få upp bubblor som kan uppstå, särskilt i kanten. Skjut tillbaka skalet under den varma pajen för att ta bort den från stenen eller överför pajen på sin plåt eller bakplåt till ett galler. Ringla pajen med balsamvinägern och ställ sedan åt sidan för att svalna i 5 minuter innan du skivar den.

## 19. Reuben pizza

**Ingrediens**

- Antingen universalmjöl för skalet eller nonstick-spray för pizzabrickan eller bakplåten
- 1 hemmagjord deg
- 3 msk deli senap
- 1 kopp avrunnen surkål
- 6 uns Swiss, Emmental, Jarlsberg eller Jarlsberg Light, strimlad
- 4 uns kokt deli corned beef, skuren i tjocka skivor och hackad

**Vägbeskrivning**

a) Färsk deg på en pizzasten. Pudra ett pizzaskal med mjöl och ställ in degen i mitten. Forma degen till en stor cirkel genom att fördjupa den med fingertopparna.

b) Ta upp den och forma den med händerna, håll i kanten, vrid långsamt på degen och sträck försiktigt ut kanten tills den är cirka 14 tum i diameter. Lägg den med mjölad sida nedåt på skalet.

c) Färsk deg på en pizzabricka. Smörj endera med non-stick spray. Lägg degen i mitten av endera och fördjupa degen med fingertopparna tills det är en tjock, tillplattad cirkel – dra sedan och tryck till degen tills den bildar en 14-tums cirkel på pizzabrickan eller en oregelbunden 12 × 7-tums rektangel på bakplåten.

d) En bakad skorpa. Lägg den på ett pizzaskal om du använder en pizzasten - eller lägg den bakade skorpan direkt på en pizzabricka.

e) Fördela senap jämnt över den förberedda skorpan, lämna en 1/2-tums kant vid kanten. Fördela surkålen jämnt över senapen.

f) Toppa pajen med den rivna osten, sedan den hackade corned beef. Skjut försiktigt pizzan från skalet till den uppvärmda stenen eller lägg pajen på plåten eller bakplåten i ugnen eller över den del av grillgallret som inte är direkt över värmen eller kolen.

g) Grädda eller grilla med locket stängt tills skorpan stelnat och blivit gyllene och tills osten har smält och fått lite färg, 16 till 18 minuter. Om det uppstår luftbubblor på färsk deg, särskilt i kanten, poppa dem för en jämn skorpa. Skjut tillbaka skalet under pizzan, var noga med att inte lossa toppingen, för att ta bort pajen från den varma stenen eller för över pajen på sin plåt eller bakplåt till ett galler. Ställ åt sidan för att svalna i 5 minuter innan du skivar och serverar.

## 20.	Rostad Roots Pizza

**Ingrediens**

- Allroundmjöl för att pudra av pizzaskalet eller olivolja för att smörja pizzabrickan
- 1 hemmagjord deg
- 1/2 stort vitlökshuvud
- 1/2 liten sötpotatis, skalad, halverad på längden och tunt skivad
- 1/2 liten fänkålslök, halverad, putsad och tunt skivad
- 1/2 liten palsternacka, skalad, halverad på längden och tunt skivad
- 1 msk olivolja
- 1/2 tsk salt
- 4 uns (1/4 pund) mozzarella, strimlad
- 1 uns Parmigiana, fint riven
- 1 msk sirapsliknande balsamvinäger

**Vägbeskrivning**

a) Färsk deg på en pizzasten. Pudra ett pizzaskal lätt med mjöl. Tillsätt degen och forma den till en stor cirkel genom att fördjupa den med fingertopparna. Ta upp den, håll den i kanten med båda händerna och rotera den långsamt, sträck kanten lite varje gång, tills cirkeln är cirka 14 tum i diameter. Lägg den mjölade sidan nedåt på skalet.

b) Färsk deg på en pizzabricka. Smörj plåten eller bakplåten med lite olivolja duttad på en pappershandduk. Lägg degen i mitten av endera fördjupningen av degen med fingertopparna - dra sedan och tryck till den tills den bildar en 14-tums cirkel på brickan eller en oregelbunden rektangel, cirka 12 × 7 tum, på bakplåten.

c) En bakad skorpa. Lägg den på ett mjölat pizzaskal om du använder en pizzasten – eller lägg den bakade skorpan direkt på en pizzabricka.

d) Slå in de oskalade vitlöksklyftorna i ett litet aluminiumfoliepaket och grädda eller grilla direkt över värmen i 40 minuter.

e) Under tiden, släng sötpotatisen, fänkålen och palsternackan i en stor skål med olivoljan och saltet. Häll upp innehållet i skålen på en stor plåt. Sätt in i ugnen eller över den ouppvärmda delen av grillen och stek, vänd då och då, tills den är mjuk och söt, 15 till 20 minuter.

f) Överför vitlöken till en skärbräda, öppna paketet, tänk på ångan. Ställ även bakplåten med grönsakerna åt sidan på ett galler.

g) Öka ugnens eller gasolgrillens temperatur till 450°F, eller lägg till några fler kol till kolgrillen för att höja värmen något.

h) Bred ut den strimlade mozzarellan över den beredda skorpan, lämna en 1/2-tums kant vid kanten. Toppa osten med alla grönsaker, pressa ut den fruktiga, mjuka vitlöken ur dess pappersformade skal och på pajen. Toppa med riven Parmigiana.

i) Skjut pizzan från skalet till den heta stenen eller lägg pizzan på plåten eller bakplåten antingen i ugnen eller över den ouppvärmda delen av grillen. Grädda eller grilla med locket stängt tills skorpan har blivit gyllenbrun och till och med mörknat lite på botten, tills osten har smält och börjat få färg, 16 till minuter. Färsk deg kan utveckla vissa luftbubblor under de första 10 minuterna; Särskilt i kanten, skjut upp dessa med en gaffel för att säkerställa en jämn skorpa.

j) Skjut tillbaka skalet under skorpan för att ta bort det från den varma stenen eller överför pizzan på plåten eller bakplåten till ett galler. Ställ åt sidan i 5 minuter. För att hålla skorpan knaprig, kanske du vill överföra pajen från skalet, brickan eller mjölplåten direkt på gallret för att svalna efter någon minut. När den svalnat lite, ringla pajen med balsamvinäger och skär sedan i klyftor för servering.

## 21. KORV OCH ÄPPELPIZZA

**Ingrediens**

- Gult majsmjöl för att damma av pizzaskalet eller nonstick-spray för att smörja pizzabrickan

- 1 hemgjord deg,

- 1 msk olivolja

- uns (1/2 pund) kyckling- eller kalkonkorv

- 1 msk grovmalen senap

- 6 uns Fontina, strimlad

- 1 litet grönt äpple, gärna ett syrligt äpple

- 2 msk hackade rosmarinblad

- 11/2 uns Parmigiana, Pecorino eller Grana Padano, fint riven

**Vägbeskrivning**

a) Färsk deg på en pizzasten. Pudra ett pizzaskal lätt med majsmjöl. Tillsätt degen och forma den till en stor cirkel genom att fördjupa den med fingertopparna. Plocka upp den och forma den genom att hålla dess kant i båda händerna, rotera den långsamt och sträcka den försiktigt hela tiden, tills cirkeln är cirka 14 tum i diameter. Lägg degen med majsmjölssidan nedåt på skalet.

b)  Färsk deg på en pizzabricka. Smörj det ena eller det andra med nonstick-spray. Lägg degen i mitten av endera fördjupningen av degen med fingertopparna tills det är en tjock, platt cirkel. Dra sedan och tryck på den tills den bildar en 14-tums cirkel på brickan eller en 12 × 7-tums oregelbunden rektangel på bakplåten.

c)  En bakad skorpa. Placera den på ett majsmjölsdammat pizzaskal om du använder en pizzasten - eller lägg den bakade skorpan på en pizzabricka. Värm en stor stekpanna över medelvärme. Snurra i oliveljan och tillsätt sedan korven. Stek, vänd då och då, tills de fått fin färg på alla sidor och genomstekt. Lägg över på en skärbräda och skiva i tunna skivor. Fördela senap jämnt över den förberedda skorpan, lämna en 1/2-tums kant vid kanten. Toppa med den strimlade Fontinan och lägg sedan den skivade korven jämnt över pajen. Stoppa in äppelklyftorna bland korvrundorna, strö sedan över en av de hackade örterna och den rivna osten.

d) Häll pizzan från skalet till den mycket heta stenen om du har använt en pizzabricka eller en bakplåt, placera den med pajen i ugnen eller över den ouppvärmda delen av grillen. Grädda eller grilla med locket stängt tills osten har smält och bubblar och skorpan har börjat bli gyllenbrun i kanterna, till och med mörkare brun på undersidan, 16 till 18 minuter. Om du arbetar med färsk deg, spräng eventuella luftbubblor som uppstår i kanten under de första 10 minuterna av bakning eller grillning.

e) Skjut tillbaka skalet under pajen för att ta bort det från stenen eller överför pajen på sin plåt eller bakplåt till ett galler.

## 22. Shiitake pizza

**Ingrediens**

- Allroundmjöl för pizzaskalet eller nonstick-spray för pizzabrickan

- 1 hemgjord deg,

- 8 uns (1/2 pund) mjuk sidentofu

- 6 uns shiitakesvamplock, stjälkar borttagna och kasserade, kapsyler tunt skivade

- 3 medelstora salladslökar, tunt skivade

- 2 tsk asiatisk röd chilipasta

- 2 tsk finhackad skalad färsk ingefära

- 1 tsk vanlig sojasås eller sojasås med reducerad natrium

- 1 tsk rostad sesamolja

**Vägbeskrivning**

a) Färsk deg på en pizzasten. Pudra ett pizzaskal lätt med mjöl. Ställ degen i mitten och forma degen till en tjock, platt cirkel genom att fördjupa den med fingertopparna. Plocka upp den, håll den i kanten med båda händerna och vrid den och sträck den långsamt i kanten tills cirkeln är cirka 14 tum i diameter. Lägg den med mjölad sida nedåt på skalet.

b) Färsk deg på en pizzabricka. Smörj plåten eller bakplåten med nonstick-spray. Lägg degen på endera fördjupningen av degen med fingertopparna - dra sedan och tryck till den tills den bildar en 14-tums cirkel på brickan eller en oregelbunden 12 × 7-tums rektangel på bakplåten.

c) En bakad skorpa. Lägg den på ett pizzaskal om du använder en pizzasten - eller lägg den bakade skorpan direkt på en pizzabricka.

d) Bearbeta tofun i en matberedare utrustad med skärbladet tills den är slät och krämig. Bred ut över den förberedda skorpan, se till att du lämnar en 1/2-tums kant vid kanten.

e) Toppa tofun med de skivade svampkapsylerna och salladslöken. Strö chilipasta, ingefära, soja och sesamolja jämnt över toppingen. Skjut pajen från skalet till den heta stenen eller lägg pajen på sin plåt eller bakplåt antingen i ugnen eller över den ouppvärmda delen av grillgallret.

f) Grädda eller grilla med locket stängt tills skorpan är gyllenbrun och något fast vid beröring, 16 till 18 minuter. Kolla på färsk deg några gånger för att se till att det inte finns några luftbubblor, särskilt vid kanten i så fall, tryck på dem med en gaffel för att säkerställa en jämn skorpa. När det är klart, skjut tillbaka skalet under pajen för att ta bort det från den varma stenen eller överför pajen på sin plåt eller bakplåt till ett galler. Ställ åt sidan för att svalna i 5 minuter innan du skivar och serverar.

## 23. Spenat och Ricotta Pizza

**Ingrediens**

- Antingen universalmjöl för att pudra av pizzaskalet
- 1 hemmagjord deg
- 2 msk rapsolja
- 3 vitlöksklyftor, hackade
- 6 uns babyspenatblad
- 1/4 tsk riven eller malen muskotnöt
- 1/4 tsk röd paprikaflingor
- 1/2 dl torrt vitt vin eller torr vermouth
- 1/4 kopp vanlig, låg fetthalt eller fettfri ricotta
- 11 /2 uns Parmigiana, fint riven
- 1/2 tsk salt
- 1/2 tsk nymalen svartpeppar

## Vägbeskrivning

a) Färsk deg på en pizzasten. Pudra ett pizzaskal lätt med mjöl. Tillsätt degen och forma den till en stor cirkel genom att fördjupa den med fingertopparna. Ta upp den och forma den med händerna, håll i kanten, vänd långsamt på degen och sträck ut kanten tills den är cirka 14 tum i diameter. Lägg degen med den mjölade sidan nedåt på skalet.

b) Färsk deg på en pizzabricka. Smörj plåten eller bakplåten med nonstick-spray. Lägg degen på endera fördjupning av degen med fingertopparna tills det är en tjock, platt cirkel - dra sedan och tryck till den tills den bildar en 14-tums cirkel på brickan eller en oregelbunden 12 × 7-tums rektangel på bakplåten.

c) En bakad skorpa. Lägg den på ett pizzaskal om du använder en pizzasten - eller lägg den bakade skorpan direkt på en pizzabricka. Värm en stor stekpanna över medelvärme. Snurra i oljan, tillsätt sedan vitlöken och koka i 30 sekunder. Rör i spenat, muskotnöt och röd paprikaflingor precis tills bladen börjar vissna och häll sedan i vinet. Koka under konstant omrörning tills spenaten har vissnat ordentligt och stekpannan är nästan torr. Ta av stekpannan från värmen och rör ner ricotta, riven parmigiana, salt och peppar tills det är ganska slätt.

d) Fördela spenatblandningen över den förberedda skorpan, lämna en 1/2-tums kant vid kanten. Skjut pizzan från skalet till den heta stenen eller lägg pizzan på plåten eller bakplåten antingen i ugnen eller över den ouppvärmda delen av grillgallret.

e) Grädda eller grilla med locket stängt tills fyllningen stelnat och lätt brynt, tills skorpan är något fast, 16 till 18 minuter. Skjut tillbaka skalet under pizzan för att ta bort det från den varma stenen eller överför pajen på plåten eller bakplåten till ett galler. Ställ åt sidan för att svalna i 5 minuter innan du skivar och serverar. För att säkerställa en knaprig skorpa, överför pajen från skalet, brickan eller bakplåten direkt till gallret efter ett par minuter.

## 24. Ruccolasallad pizza

## Ingrediens

- En 16 oz. paketera kyld fullkornspizzadeg, eller fullkornspizzadeg
- Majsmjöl
- 1/3 kopp marinarasås
- 1½ tsk torkad oregano
- 1 kopp strimlad växtbaserad ost
- 2 dl blandad färsk ruccola och babyspenat
- 1½ dl färska körsbärstomater (gula), halverade
- ½ medelstor röd paprika, tärnad
- 1 mogen medelstor avokado, skivad ¼ kopp rostade pistagenötter
- 1 msk balsamvinäger

## Vägbeskrivning

a) Värm ugnen till 350°F. Kavla ut pizzadegen så att den passar en 14-tums pizzapanna eller pizzasten. Strö pannan eller stenen med majsmjöl och lägg degen ovanpå. Bred ut marinarasåsen på degen och strö oregano och växtbaserad ost över. Sätt formen eller stenen i ugnen och grädda i 30 till 35 minuter, tills skorpan är gyllene och fast vid beröring.

b) I sista minuten innan servering tar du bort skalet från ugnen och toppar med ruccola och babyspenat, tomater, paprika, avokado och pistagenötter. Det gröna vissnar snabbt. Ringla över vinäger och olivolja. Servera omedelbart.

## 25. Avocado 'N Everything Pizza

## Ingrediens

- 2 dl kärnmjölksbakning
- 1/2 kopp varmt vatten
- 1 burk (8 uns) tomatsås
- 1/4 kopp hackad salladslök
- 1/2 kopp strimlad mozzarellaost
- 1/2 kopp skivad svamp
- 1/3 kopp skivade mogna oliver
- 1 liten tomat, skivad
- 2 matskedar olivolja
- 1 avokado, kärnad, skalad och skivad Färska basilikablad, valfritt

## Vägbeskrivning

a) Värm ugnen till 425F. Rör ihop kärnmjölksblandning och vatten med gaffel i en liten skål. Klappa eller rulla till 12-tumscirkel på osmord bakplåt eller pizzapanna.
b) Blanda ihop tomatsås och salladslök bred över pizzadegen. Toppa med ost, champinjoner,

oliver och tomatskivor. Ringla olivolja över toppen.

c) Grädda 15 till 20 minuter eller tills kanten av skorpan är gyllenbrun. Ta ut pizzan från ugnen och lägg avokadoskivorna ovanpå. Garnera med basilikablad och servera.

26. BBQ Chicken Pizza

**Ingrediens**

- 3 benfria kycklingbrösthalvor, kokta och tärnade
- 1 kopp grillsås med smak av hickory
- 1 matsked honung
- 1 tsk melass
- 1/3 kopp farinsocker
- 1/2 knippe färsk koriander, hackad
- 1 (12 tum) förgräddad pizzabotten
- 1 dl rökt goudaost, strimlad
- 1 kopp tunt skivad rödlök

**Vägbeskrivning**

a) Värm ugnen till 425F. I en kastrull på medelhög värme, kombinera kyckling, barbequesås, honung, melass, farinsocker och koriander. Koka upp.
b) Fördela kycklingblandningen jämnt över pizzabottnen och toppa med ost och lök.
c) Grädda i 15 till 20 minuter, eller tills osten har smält.

## 27. BBQ Jordgubbspizza

## Ingrediens

- 1 pizzadeg (förgjord från livsmedelsbutiken är en stor tidsbesparing)
- 250 gram (1 kopp) boursinost (fina örter och vitlök)
- 2 msk balsamicoglasyr
- 2 dl skivade jordgubbar
- 1/3 kopp hackad basilika
- peppar efter smak
- 1 msk olivolja att ringla över
- rakad parmesan till garnering

## Vägbeskrivning

a) Tillaga pizzaskal på BBQ (hög värme) eller i ugnen.
b) Ta av från värmen och bred ut med örtig färskost.
c) Strö över med basilika och jordgubbar. Ringla över olivolja och balsamicoglasyr och garnera med peppar (efter smak) och rakad parmesan

## 28.  Broccoli Deep Dish Pizza

**Ingrediens**

- 1paket torrjäst
- 1 1/3 c varmt vatten
- 1 t socker
- 3 1/2 c oblekt mjöl
- 1 c kakmjöl
- 1 1/2 t salt
- 1 c plus 2 T olivolja
- 3 t finhackad vitlök
- (1) 15-oz burk tomatsås
- (1) 12-oz burk tomatpuré
- 2 t oregano
- 2 t basilika
- 2 c skivade svampar Salt och peppar
- 1 pund italiensk korv (varm eller söt)
- 1/2 t krossade fänkålsfrön
- 2 T smör

- 8 c blancherad, grovt hackad broccoli

- 1 T förkortning

- 3 1/2 c riven mozzarellaost

- 1/2 c riven parmesanost

**Vägbeskrivning**

a) Lös upp jästen i varmt vatten och rör ner socker. Kombinera mjöl och salt och tillsätt gradvis den upplösta jästen och 1/4 kopp av oljan. Knåda tills konsistensen är slät. Lägg i en stor skål, täck med plastfolie och låt jäsa tills tredubbla i bulk (2-3 timmar).

b) Förbered under tiden fyllningarna. Hetta upp 1/4 kopp av oljan i en sautépanna, tillsätt 2 t vitlök och koka i 30 sekunder (utan att brynas.) Rör ner tomatsåsen och pasta, låt sjuda tills den tjocknat. Rör ner basilika och oregano, ställ åt sidan för att svalna.

c) Häll 2 t av oljan och fräs svampen tills den fått lite färg och vätskan har avdunstat. Krydda efter smak och ställ åt sidan för att svalna.

d) Ta bort och kassera tarmen från korven, smula sönder och tillsätt korven i pannan tillsammans med fänkål. Koka ordentligt, ta bort och kyl. Hetta upp smöret och 2 T av oljan till 1 t vitlök och rör om i 30 sekunder. Rör i broccolin tills den är väl täckt och eventuell vätska har avdunstat. Krydda efter smak och ställ åt sidan.

e) När degen jäst, slå ner. Skär av ca 2/5 av den och ställ åt sidan. Smörj en 14 x 1 1/2" djup pizzapanna med matfettet. Kavla ut 3/5 av degen till en 20" cirkel på ett mjölat bord. Passa till pannan, låt överflödig deg hänga över sidan. Pensla degen med 1 T av oljan strö över salt. Strö 1 c av mozzarellan över degen.

f) Fördela tomatsåsen över osten, fördela svampen över tomaterna och täck med 1 c mozzarella.

g) Kavla ut den återstående degen till ungefär en 14" cirkel. Pensla sidorna av degen inuti formen med vatten. Passa in 14" rundan i formen.

h) Tryck kanter (dra vid behov) mot den fuktade degen för att täta den. Klipp

den överhängande degen till 1/2" och blöt den igen.
i) Vik inåt och krymp för att bilda en upphöjd kant runt pannkanten. Skär ett ånghål i det översta lagret av degen och pensla med 1 T olja. Bred ut korven över degen och täck med broccolin.
j) Kombinera de återstående ostarna och strö över broccolin med 1/4 c olja.
k) Grädda i en förvärmd 425 graders ugn i 30-40 minuter. Fryser bra.

## 29. Buffalo Chicken Pizza Paies

**Ingrediens**

- En 12-ounce paket engelska muffins av fullkornsvete (6 muffins)

- 1 medelstor orange paprika, skuren i $\frac{1}{4}$-tums tärningar (cirka 1 $\frac{1}{4}$ koppar)

- 1 msk rapsolja

- 12 uns benfria, skinnfria kycklingbrösthalvor, skurna i $\frac{1}{2}$-tums tärningar

- En halv kopp pastasås

- 1 msk buffelsås

- 1 msk ädelostdressing

- 1 till 1 $\frac{1}{2}$ koppar strimlad, delvis skummad mozzarellaost


**Vägbeskrivning**

a) Värm ugnen till 400°F. Dela de engelska muffinsen på mitten och lägg på en plåt. Rosta i ugnen i ca 5 minuter. Ta bort och ställ åt sidan. Värm oljan i en stor nonstick-panna på medelhög värme. Tillsätt paprikan och koka, rör om ofta, tills den är mjuk, cirka 5 minuter.

b) Tillsätt kycklingen och koka tills den inte längre är rosa, 3 till 5 minuter. Rör ner pastasåsen, buffelsåsen och ädelostdressingen och blanda väl.

c) För att montera pizzorna, toppa varje muffinshalva jämnt med kycklingblandningen. Strö osten jämnt över toppen av varje. Grädda tills osten smält, ca 5 minuter.

## 30. Kalifornien pizza

**Ingrediens**

- 1 kopp olivolja
- 2 dl färska basilikablad
- 2 vitlöksklyftor, hackade
- 3 msk pinjenötter
- 1/2 kopp nyriven parmesanost
- 1 lök, tunt skivad
- 1 söt röd paprika, kärnad och skivad i strimlor
- 1 grön paprika, kärnade och skivad i strimlor
- 2 matskedar olivolja
- 1 matsked vatten
- 1/2-pund vitlök och fänkålskorv eller söt italiensk korv 3 uns getost
- 10 uns Mozzarellaost, grovt riven
- 2 msk nyriven parmesanost
- 2 msk majsmjöl

**Vägbeskrivning:**

a) Förbered degen Lös upp jästen i vatten och ställ åt sidan. Blanda mjöl, salt och socker i en skål. Gör en "brunn" i mitten, häll i jästlösning och olivolja. Blanda i mjölet med en gaffel.
b) När degen blir styv, tillsätt resten av mjölet för hand. Samla ihop till en boll och knåda åtta till tio minuter på mjölat bord. Lägg i en oljebelagd skål, täck med en fuktig trasa och låt jäsa på en varm, dragfri plats tills den fördubblats i storlek, cirka två timmar.
c) Förbered pestosås med en mixer eller matberedare. Blanda allt utom ost. Bearbeta men skapa inte en puré. Rör ner ost. Ställ åt sidan. Fräs lök och paprika i en matsked olivolja och vatten i en stor stekpanna på medelvärme. Rör om ofta tills paprikan är mjuk. Häll av och ställ åt sidan. Bryn korven, bryts i bitar när den tillagas. Häll av överflödigt fett. Hacka grovt och ställ åt sidan.
d) Värm ugnen till 400 grader. Fördela återstående olivolja jämnt över en 12-tums pizzapanna. Strö över majsmjöl. Stansa ner pizzadeg, platta till lätt med

en kavel, vänd och platta till med fingrarna. Lägg degen i formen och bred ut till kanterna med fingertopparna. Grädda fem minuter. Bred pestosås över degen. Smula getost jämnt över pesto. Tillsätt lök och paprika, korv och ostar. Grädda i 10 minuter eller tills skorpan är något brun och osten är bubbel.

## 31. Karamelliserad lökpizza

## Ingrediens

- 1/4 kopp olivolja för att steka lök
- 6 koppar tunt skivad lök (cirka 3 pund)
- 6 vitlöksklyftor
- 3 msk. färsk timjan eller 1 msk. torkad timjan
- 1 lagerblad
- salt och peppar
- 2 msk. olja för att dricka ovanpå pizza (valfritt)
- 1 msk. dränerad kapris
- 1-1/2 msk. kottar

## Vägbeskrivning:

a) Hetta upp 1/4 kopp av olivoljan och tillsätt lök, vitlök, timjan och lagerblad. Koka, rör om ibland, tills det mesta av fukten har avdunstat och lökblandningen är väldigt mjuk, nästan slät och karamelliserad, cirka 45 minuter. Släng

lagerbladet och smaka av med salt och peppar.
b) Täck degen med lökblandningen, strö över kapris och pinjenötter och ringla över resterande olivolja om du använder den.
c) Grädda i förvärmd 500 graders ugn i 10 minuter eller tills de är gyllenbruna. Gräddningstiden kommer att variera beroende på om du bakar på en sten, en skärm eller i en form.
d) Se till att ugnen är väl förvärmd innan du sätter in pizzan.

## 32. Ost Calzone

**Ingrediens**

- 1lb. ricottaost
- 1 kopp strimlad mozzarella
- nypa svartpeppar
- NY-stil pizzadeg
- Värm ugnen till 500F.

**Vägbeskrivning:**

a) Ta en 6 oz. degboll och lägg på mjölat underlag. Sprid ut, med fingertopparna, till en 6-tums cirkel. Placera 2/3 kopp ost
b) blanda på ena sidan och vik över andra sidan. Försegla med fingertopparna och se till att ingen ostblandning är i förseglingen. Nyp ihop kanten för att säkerställa en tät försegling. Klappa calzone till jämn fyllning inuti. Kontrollera tätningen igen för läckor. Upprepa med de andra.

c) Lägg calzones på en lätt smord plåt. Skär en 1 tums skåra i toppen av varje för ventilering under bakning. Sätt in i mitten av ugnen och grädda i 10-12 minuter eller tills de är gyllenbruna. Servera med din favorit tomatsås, uppvärmd, antingen på toppen eller vid sidan av för doppning.

33.     Körsbärsmandelpizza

## Ingrediens

- Deg
- 2 äggvitor
- 125 g (4 oz - 3/4 kopp) mald mandel
- 90 g (3 oz - 1/2 kopp) strösocker några droppar mandelessens
- 750 g (1 1/2 lb.) burk Morello körsbär i juice
- 60 g (2 oz - 1/2 kopp) flingad mandel
- 3msk MorelOo körsbärssylt florsocker för att pudra
- vispad grädde, att dekorera

## Vägbeskrivning

a) Värm ugnen till 220C (425F. Gas 7)
b) Vispa äggvitan lätt i en skål. Rör ner mald mandel, strösocker och mandelessens. Fördela blandningen jämnt över pizzabotten.

c) Häll av körsbären, spara juice. Sked över pizza, reservera några för dekoration. Strö över flingad mandel och grädda i ugnen i 20 minuter tills degen är knaprig och gyllene.
d) Under tiden, i en kastrull, värm reserverad juice och sylt tills det blir sirap. Pudra tillagad pizza med florsocker och dekorera med vispad grädde och reserverade körsbär.

## 34.        Chicago stil pizza

**Ingrediens**

- 1 kopp pizzasås
- 12 oz. Strimlad mozzarellaost
- 1/2 lb. Nötfärs, smulad, tillagad
- 1/4 lb. Italiensk korv, smulad, kokt
- 1/4 lb. Fläskkorv, smulad, kokt
- 1/2 kopp Pepperoni, tärnad
- 1/2 kopp kanadensiskt bacon, tärnad
- 1/2 kopp skinka, tärnad
- 1/4 lb. Svamp, skivad
- 1 liten lök, skivad
- 1 grön paprika, kärnade, skivad
- 2 oz. Riven parmesanost

**Vägbeskrivning**

a) För degen, strö jäst och socker i varmt vatten i en liten skål, låt stå tills det skummar, cirka 5 minuter.

b) Blanda mjöl, majsmjöl, olja och salt i en stor skål gör en brunn i mitten och tillsätt jästblandningen. Rör om till en mjuk deg, tillsätt mer mjöl om det behövs. Vänd upp på ett mjölat bord och knåda tills degen är smidig och elastisk, 7 till 10 minuter. Överför till en stor skål, täck över och låt jäsa på en varm plats tills degen har fördubblats, ca 1 timme. Slå ner.
c) Rulla degen till en 13-tums cirkel. Överför till en oljad 12-tums pizzapanna, vik över överskottet för att göra en liten kant. Bred ut med pizzasås, strö över allt utom en näve av mozzarellaosten. Strö över kött och grönsaker. Toppa med resterande mozzarella och parmesanost. Låt jäsa på en varm plats ca 25 minuter.
d) Värm ugnen till 475 grader. Grädda pizza tills skorpan är gyllene, ca 25 minuter. Låt stå 5 minuter innan du skär upp.

## 35.     Deep-Dish Pizza

**Ingrediens**

- Nonstick matlagningsspray, för sprayning av slow cooker-insatsen
- 8 uns beredd pizzadeg (om den är kyld, låt den jäsa i en oljad skål för
- 2 timmar)
- 8 uns skivad (ej riven) mozzarellaost
- 8 uns tunt skivad pepperoni, helst smörgåsstorlek
- 1/2 kopp köpt pizzasås
- 1 msk riven parmesan
- 6 färska basilikablad, skurna i chiffonad
- Nyp krossad röd paprika

**Vägbeskrivning**

a) Värm långsamkokaren på hög temperatur i 20 minuter. Spraya insatsen med nonstick-spray.
b) På en ren yta, sträck ut, rulla och forma degen till ungefär samma form som slow cooker-insatsen. Målet är en fin, tunn skorpa. Lägg i spisen och bred ut vid behov. Koka på hög, OTÄCKAD, i 1 timme utan pålägg.
c) Blanda mozzarellaskivorna över degen och upp på sidorna cirka 1 tum ovanför skorpan. Överlappa varje skiva, rör dig i en medurs cirkel tills omkretsen är täckt. Lägg 1 skiva till för att täcka den tomma platsen i mitten, om det behövs. Blanda ett lager pepperoni på samma sätt som du gjorde osten.
d) Följ med ett litet lager av pizzasåsen.
e) Strö över parmesanen.
f) Koka på hög tills den ostiga skorpan är mörk och karamelliserad och botten är fast och brun, ytterligare en timme. Ta försiktigt ut ur den långsamma kokaren med en spatel.
g) Garnera med basilika och krossad röd paprika.

## 36. Holländsk ugnspizza

## Ingrediens

- 2 pkg. halvmåne rullar
- 1 burk pizzasås
- 1 1/2 lb. köttfärs
- 8 oz riven cheddarost
- 8 oz strimlad mozzarellaost
- 4 oz pepperoni
- 2 tsk oregano
- 1 tsk vitlökspulver
- 1 tsk lökpulver

## Vägbeskrivning

a) Bryn köttfärs, rinna av. Fodra holländsk ugn med 1 pkg. halvmåne rullar. Bred pizzasås på degen.
b) Tillsätt köttfärs, pepperoni och strö oregano, vitlökspulver och lökpulver ovanpå. Tillsätt ostar och använd andra förpackningen. halvmånerullar för att bilda toppskorpa.
c) Grädda 30 minuter i 350 grader. Annat såsom hackad grön paprika, hackad

37. Äggsallad pizzakottar

**Ingrediens**

- 1/4 kopp krämig italiensk salladsdressing med reducerad fetthalt på flaska
- 1/2 tsk italiensk krydda, krossad
- 6 hårdkokta ägg, hackade
- 1/4 kopp skivad salladslök med toppar
- 1/4 kopp hackad pepperoni
- 6 st enkla glassstrutar
- Hackad svamp, grön paprika, svarta oliver efter önskemål
- 3/4 kopp pizzasås
- 2 msk riven parmesanost

**Vägbeskrivning**

a) I medelstor skål, rör ihop dressing och krydda. Rör ner ägg, lök och pepperoni. Täck över och ställ i kylen tills den ska serveras.

b) För att servera, ös upp cirka 1/3 kopp av blandningen i varje kon. Toppa med ca 2 msk pizzasås och svamp, paprika och oliver efter önskemål. Strö varje med ca 1 tsk ost.

## 38. Fikon, taleggio och radicchio pizza

## Ingrediens

- 3 torkade Missionsfikon
- ½ dl torrt rött vin
- 2 matskedar råa valnötsbitar'
- Mjöl för alla ändamål
- 1 (6 oz.) boll No-Knead Pizza Deg
- 2 matskedar extra virgin olivolja
- ½ liten radicchio, strimlad (cirka ¼ kopp)
- 2 oz. Taleggio eller annan skarp ost, skuren i små bitar

## Vägbeskrivning

a) Förvärm broilern med rackset 5 tum från elementet eller lågan. Om du använder en gjutjärnspanna eller stekpanna för pizzan, ställ in den på medelhög värme tills den blir rykande varm, cirka 15 minuter.
b) Överför stekpannan (vänd upp och ner) eller stekpanna till broilern.
c) Lägg fikon i en liten stekpanna på medelvärme, häll i vinet och låt koka upp.

Stäng av värmen och låt fikonen dra i minst 30 minuter. Häll av och skär sedan i ½ tums bitar. Rosta valnötsbitarna i en torr stekpanna på medelhög värme, 3 till 4 minuter. Lägg över på en tallrik, låt svalna och hacka sedan grovt.

d) För att forma degen, pudra en arbetsyta med mjöl och lägg degbollen på den. Strö över mjöl och knåda några gånger tills degen går ihop. Tillsätt mer mjöl om det behövs. Forma den till en 8 tums runda genom att trycka från mitten ut mot kanterna, lämna en 1-tums kant tjockare än resten.

e) Öppna ugnsluckan och skjut snabbt ut gallret med tillagningsytan på. Ta upp degen och överför den snabbt till tillagningsytan, var försiktig så att du inte rör vid ytan.

f) Ringla 1 matsked olja på degen, strö över valnötsbitarna, sedan radicchio, sedan hackade fikon och sedan ost. Skjut tillbaka gallret i ugnen och stäng luckan. Stek pizza tills skorpan har svällt upp runt kanterna, pizzan har svartnat i fläckar och osten har smält, 3 till 4 minuter.

g) Ta bort pizza med ett trä- eller metallskal eller en kvadrat av kartong, överför den till en skärbräda och låt den vila några minuter. Ringla resterande 1 matsked olja ovanpå, skär pizzan i fjärdedelar, överför den till en tallrik och ät.

39. Fryst jordnötssmör pizza paj

## Ingrediens

- 2 tunna deg 12-tums degskal
- 2 msk smör, mjukat
- 18 oz. paket färskost, uppmjukad
- 1 kopp krämigt jordnötssmör, mjukat
- 1 1/2 koppar strösocker
- 1 dl mjölk
- 1 12-oz. paket Cool Whip
- chokladsås

## Vägbeskrivning

a) Värm ugnen till 400°F.
b) Pensla toppar och kanter på pizzaskal med smör, lägg i mitten av ugnen och grädda i 8 minuter. Ta ut och svalna på galler.
c) I en stor elektrisk mixerskål, vispa färskost och jordnötssmör, tillsätt sedan strösockret i tre portioner, omväxlande med mjölken.

d) Vänd i den tinade Cool Whip, fördela sedan blandningen över de avsvalnade pizzaskorporna.
e) Frys tills det stelnar. Servera pizzor kalla, men inte frysta. Strax före servering, ringla över chokladsirap.

## 40. Grilla super pizza

**Ingrediens**

- ¼ kopp marinarasås
- ¼ kopp hackad färsk spenat
- ¼ kopp strimlad mozzarella
- ¼ kopp kvarterade körsbärstomater
- 1/8 tsk oregano

**Vägbeskrivning**

a) Vispa ihop mjöl, vatten, olja och salt till en slät smet.
b) Häll smeten på en het stekpanna som är immad med matlagningsspray.
c) Värm varje sida i 4-5 minuter (tills skorpan börjar bli brun).
d) Vänd skorpan en gång till och toppa med marinarasås, spenat, ost, tomat och oregano.
e) Värm i 3 minuter eller tills osten smält.

## 41. Grillad pizza

## Ingrediens

- 1 tsk torkad jäst
- 1 msk sojaolja
- 1 tsk socker
- ½ kopp varmt vatten (110°F)
- 1 ½ dl brödmjöl
- 1 msk sojamjöl
- 1 tsk salt

## Vägbeskrivning

a) Blanda jäst, socker och ½ kopp mycket varmt vatten i en skål, låt stå i fem minuter. Blanda mjöl och salt i en skål. Blanda jästblandningen med skål innehållande torrt. Tillsätt lite extra mjöl om degen är kladdig. Knåda i bra 10 minuter.
b) Lägg i en smord skål och låt jäsa i 60 minuter tills den fördubblats i storlek. Vänd ut på en mjölad yta och knåda sedan lätt tills den är slät. Kavla ut till

en $\frac{1}{4}$" tjock cirkel med 12" diameter. Ju tunnare degen kavlas desto bättre.

c) Innan du lägger din skorpa på grillen, se till att din grill är både ren och väloljad. Detta hjälper till att förhindra att degen fastnar på grillen. Du behöver något stort nog för att transportera din deg till grillen. En pizzaspatel rekommenderas starkt för denna uppgift. Borsta ett jämnt lager extra jungfruolja på sidan som ska vara vänd nedåt först. Oljan kommer att introducera smak och hjälpa till att hålla degen från att fastna på grillen samt ge skorpan en fin krispig finish.

d) Innan du placerar din pizza på grillen, kanske du vill ta bort det översta stället på din grill för att göra det lättare att vända din pizza.

e) Tillaga den första sidan 1-3 minuter innan den vänds beroende på värmen på din grill. Under denna tid måste du borsta olivolja på sidan som är vänd uppåt. Medan du tillagar den första sidan, toppa under kanten av skorpan för att övervaka dess finish.

f) Koka tills du är nöjd med finishen och vänd sedan på skorpan. Efter att ha vänt, applicera omedelbart valfri topping du vill ha. Det rekommenderas starkt att du håller toppingen väldigt lätt, eftersom de inte kommer att ha en chans att laga mat på grillen utan att bränna skorpan. Du kan överväga att förkoka vissa som kött och tjocka grönsaker. Var noga med att sänka locket så snart som möjligt för att fånga värmen och tillaga färdigt påläggen.

g) Koka pizzan i ytterligare 2-3 minuter eller tills du är nöjd med skorporna.

## 42. Grillad vit pizza med Soppressata

**Ingrediens**

- Deg
- 1 kopp olivolja
- 6 krossade vitlöksklyftor
- 2 hackad vitlöksklyfta
- 1 kopp helmjölksricotta
- 1 tsk hackad färsk timjan
- 2 tsk plus 1 msk hackad färsk oregano, håll separat 1/2 kopp olivolja
- 4 koppar strimlad mozzarella
- 1 kopp strimlad parmesan
- 6 uns Soppressata eller annan saltad salami, skivad tunt
- 4 ounces körsbärspeppar (burk), avrunnen och riven i bitar
- Koshersalt och nymalen svartpeppar Majsmjöl (grovmalen), efter behov

**Vägbeskrivning**

a) Värm ugnen till 150°F eller till lägsta inställningen. När ugnen når temperatur, stäng av ugnen. Häll vattnet i arbetsskålen på en matberedare eller stavmixer (båda ska ha degfäste). Strö olja, socker och jäst över vattnet och pulsera flera gånger tills det blandas. Tillsätt mjöl och salt och bearbeta tills blandningen går ihop. Degen ska vara mjuk och lite kladdig. Om det är väldigt klibbigt, tillsätt mjöl 1 matsked i taget och pulsera kort. Om den fortfarande är för styv, tillsätt 1 msk vatten och pulsera kort. Bearbeta ytterligare 30 sekunder.

b) Vänd upp degen på en lätt mjölad arbetsyta. Knåda den för hand för att bilda en slät, rund boll. Lägg degen i en stor, ren skål som har täckts med olivolja och täck tätt med plastfolie. Låt jäsa 15 minuter i ugnen innan du fortsätter.

c) Tillsätt 1 dl olivolja i en liten kastrull med de 6 krossade vitlöksklyftorna. Låt koka upp och ta sedan bort från värmen så att vitlöken får ingjuta oljan och svalna. Kombinera ricotta, 2 hackad vitlöksklyfta, hackad timjan och 2 tsk hackad oregano i en liten skål. Ta ut degen från ugnen, slå ner den och vänd ut den på en lätt mjölad arbetsyta. Dela degen i fyra 4-tums bollar. Lägg pizzastenen på grillen och förvärm gasolgrillen till hög.

d) Strö lätt arbetsytan med $\frac{1}{4}$ kopp majsmjöl. Rulla eller sträck ut 1 deg runt försiktigt till en 12" rektangel eller cirkel, $\frac{1}{4}$" tjock. Pensla med cirka 2 matskedar olivolja. Strö pizzaskal med majsmjöl och skjut sedan degen runt på den. Placera toppings på degen i denna ordning först. Pensla med vitlöksolja, häll sedan på med örtiga ricotta, toppa sedan med mozzarella, parmesan, Soppressata och körsbärs paprika.

e) Med pizzaskal, skjut pizza på den varma pizzastenen. Stäng locket så snabbt som möjligt. Grilla i cirka 5-7 minuter, eller tills botten av skorpan är väl brynt, påläggen är varma och osten är bubbel, cirka 5 till 10 minuter.

## 43. Grillad grönsakspizza

**Ingrediens**

- 1 kopp ljummet vatten (ca 100 grader F)
- ¼ kopp olivolja 1 ½ tsk honung
- 1 kuvert snabbjäst jäst
- 3 koppar universalmjöl, plus extra efter behov
- 1 ½ tsk kosher salt.

**Vägbeskrivning**

a) Värm ugnen till 150 grader eller till lägsta inställningen. När ugnen når temperatur, stäng av ugnen. Häll vattnet i arbetsskålen på en matberedare eller stavmixer (båda ska ha degfäste). Strö olja, socker och jäst över vattnet och pulsera flera gånger tills det blandas. Tillsätt mjöl och salt och bearbeta tills blandningen går ihop. Degen ska vara mjuk och lite kladdig. Om det är väldigt klibbigt, tillsätt mjöl 1 matsked åt gången och pulsera kort. Om den fortfarande är för styv, tillsätt 1 msk

vatten och pulsera kort. Bearbeta ytterligare 30 sekunder.
b) Vänd upp degen på en lätt mjölad arbetsyta, knåda den för hand till en slät, rund boll. Lägg degen i en stor, ren skål som har täckts med olivolja och täck tätt med plastfolie. Låt jäsa 15 minuter i ugnen innan du fortsätter. Ta ut degen från ugnen, slå ner den och vänd ut den till en lätt mjölad arbetsyta.
c) Dela degen i fyra 4-tumsbollar och fortsätt med instruktioner för pizzatillverkning.

## 44. Mozzarella, ruccola och citronpizza

**Ingrediens**

- 1 pizzadeg
- 2 dl tomatpuré
- 1 vitlöksklyfta, krossad
- 1 tsk torkad oregano
- 1 tsk tomatpuré
- ½ tsk salt
- Malen svartpeppar
- ¼ tesked röd paprikaflingor
- 2 dl riven mozzarellaost
- ½ kopp riven Parmigiana
- Valfritt men riktigt snyggt
- ½ knippe (ca 2 koppar) ruccola, rengjord och torkad
- ½ citron
- En klick olivolja

**Vägbeskrivning**

a) Häll tomatpurén i en medelstor kastrull och värm på medelvärme. Tillsätt vitlök, oregano och tomatpuré. Rör om för att se till att pastan har absorberats i purén.

b) Koka upp (detta hjälper såsen att minska lite), sänk sedan värmen och rör om så att såsen inte fastnar. Såsen kan vara klar på 15 minuter eller kan puttra längre, upp till $\frac{1}{2}$ timme. Det kommer att minska med ungefär en fjärdedel, vilket ger dig minst $\frac{3}{4}$ kopp puré per pizza.

c) Smaka av efter salt och krydda därefter och tillsätt svartpeppar och/eller rödpepparflingor. Ta bort vitlöksklyftan.

d) Häll såsen i mitten av degcirkeln och bred ut med en gummispatel tills ytan är helt täckt.

e) Placera mozzarellan (1 kopp per 12-tums pizza) ovanpå såsen. Kom ihåg att osten sprider sig när den smälter i ugnen, så oroa dig inte om det verkar som om din pizza inte är ordentligt täckt med ost.

f) Placera i en förvärmd 500°F ugn och grädda enligt anvisningarna för pizzadegen.

g) När pizzan är klar, garnera den med Parmigiana och ruccolan (om den används). Pressa citronen över det gröna och/eller ringla över olivolja om du vill.

## 45.　　Mexikansk pizza

**Ingrediens**

- 1/2 lb. köttfärs
- 1/2 tsk salt
- 1/4 tsk torkad hackad lök
- 1/4 tsk paprika
- 1-1/2 tsk chilipulver
- 2 matskedar vatten
- 8 små (6-tum diameter) mjöltortillas
- 1 dl Crisco matfett eller matolja
- 1 (16 oz.) burk refried bönor
- 1/3 kopp tärnad tomat
- 2/3 kopp mild picante salsa
- 1 dl riven cheddarost
- 1 kopp strimlad Monterey Jack ost
- 1/4 kopp hackad salladslök
- 1/4 kopp skivade svarta oliver

**Vägbeskrivning**

a) Koka nötfärsen på medelvärme tills den är brun, häll sedan av överflödigt fett från pannan. Tillsätt salt, lök, paprika, chilipulver och vatten och låt sedan blandningen sjuda på medelvärme i cirka 10 minuter. Rör om ofta.
b) Hetta upp olja eller Crisco matfett i en stekpanna på medelhög värme. Om olja börjar ryka är den för varm. När oljan är varm, stek varje tortilla i ca 30–45 sekunder per sida och lägg åt sidan på hushållspapper.
c) När du steker varje tortilla, var noga med att poppa eventuella bubblor som bildas så att tortilla ligger platt i olja. Tortillas ska bli gyllenbruna. Hetta upp refried bönor i en liten panna över spisen eller i mikron.
d) Värm ugnen till 400F. När köttet och tortillorna är färdiga, stapla varje pizza genom att först sprida cirka 1/3 kopp refried bönor på framsidan av en tortilla. Bred sedan ut 1/4 till 1/3 kopp kött, sedan en annan tortilla.
e) Täck dina pizzor med två matskedar salsa på varje, dela sedan upp tomaterna

och stapla dem ovanpå. Dela sedan upp ost, lök och oliver, stapla i den ordningen.

f) Placera pizzorna i din varma ugn i 8-12 minuter eller tills osten på toppen har smält. Gör 4 pizzor.

## 46.    Mini pizza bagels

**Ingrediens**

- Mini bagels
- Pizzasås
- Strimlad mozzarellaost

**Vägbeskrivning**

a) Värm ugnen till 400
b) Dela bagels på mitten, fördela såsen jämnt på varje halva, strö över ost.
c) Grädda i 3-6 minuter eller tills osten smält enligt din smak.

## 47.     Muffuletta pizza

## Ingrediens

- 1/2 dl finhackad selleri
- 1/3 kopp hackad pimentofyllda gröna oliver
- 1/4 kopp hackad pepperoncini
- 1/4 kopp hackad cocktaillök
- 1 vitlöksklyfta, hackad
- 3 matskedar extra virgin olivolja
- 2 tsk torr italiensk salladsdressing mix
- 3 oz. tunt skivad deli skinka/salami, tärnad
- 8 oz. strimlad provoloneost
- 2 12" okokta degskorpor
- extra virgin olivolja

## Vägbeskrivning

a) Blanda de första 7 för marinerad olivsallad och kyl över natten. Kombinera

olivsallad, skinka och ost. Toppa en degskorpa med 1/2 av blandningen. Ringla över olja. Grädda i förvärmd 500° F ugn i
b) 8-10 minuter eller tills skorpan är gyllenbrun och osten smält. Ta ut ur ugnen och svalna på galler i 2-3 minuter innan du skär i klyftor och serverar.
c) Upprepa med annan degskorpa.

## 48. Pan Pizza

**Ingrediens**

- Deg
- 2 matskedar olivolja
- 1 vitlöksklyfta, skalad och finhackad
- 2 msk tomatpuré
- Nypa chiliflakes, efter smak
- 128-ounce burk hackade eller krossade tomater
- 2 msk honung, eller efter smak
- 1 tsk kosher salt, eller efter smak

**Vägbeskrivning**

a) Kombinera mjöl och salt i din största mixerskål. Blanda vatten, smör, olivolja och jäst i en annan bunke. Blanda väl.
b) Använd en gummispatel för att skapa en brunn i mitten av mjölblandningen och tillsätt vätskan från den andra skålen, rör om med spateln och skrapa ner skålens sidor för att få ihop allt.

c) Blanda ihop allt tills det är en stor, lurvig boll av våt deg, täck med plastfolie och låt stå i 30 minuter.
d) Avtäck degen och knåda den med mjölade händer tills den är jämnt slät och klibbig, cirka 3 till 5 minuter. Flytta degbollen i en ren blandningsskål, täck med plastfolie och låt jäsa i 3 till 5 timmar i rumstemperatur, kyl sedan i minst 6 timmar och upp till 24 timmar.
e) På morgonen du vill göra pizzorna, ta ut degen från kylen, dela i 3 lika stora bitar (ca 600 gram vardera) och forma dem till avlånga bollar. Använd olivolja för att smörja tre 10-tums gjutjärnspannor, 8-tum-x-10-tums bakformar med höga sidor, 7-tum-x-11-tums bakformar i glas eller någon kombination därav, och placera bollarna in i dem.
f) Täck med plastfolie och låt jäsa i rumstemperatur, 3 till 5 timmar. blandningen är glansig och har precis börjat karamelliseras.

g) Gör såsen. Placera en kastrull på medelhög värme och tillsätt 2 matskedar olivolja. När oljan skimrar, tillsätt den hackade vitlöken och koka under omrörning tills den är gyllene och aromatisk, cirka 2 till 3 minuter.

h) Tillsätt tomatpurén och en nypa chiliflakes och höj värmen till medel. Koka, rör ofta

i) Tillsätt tomaterna, låt koka upp, sänk sedan värmen och låt sjuda i 30 minuter, rör om då och då.

j) Ta såsen från värmen och rör ner honung och salt efter smak och mixa sedan i en stavmixer eller låt svalna och använd en vanlig mixer. (Såsen kan göras i förväg och förvaras i kyl eller frys. Den räcker till 6 eller så pajer.)

k) Efter 3 timmar eller så har degen nästan fördubblats i storlek. Sträck ut degen mycket försiktigt till sidorna av formarna, sänk den mjukt med fingrarna. Degen kan sedan vila i ytterligare 2 till 8 timmar, täckt med wrap.

l) Gör pizzorna. Värm ugnen till 450. Dra försiktigt degen till kanterna på formarna om den inte redan har höjts till kanterna. Använd en sked eller slev för att lägga 4 till 5 matskedar sås på degen, täck försiktigt över den helt. Strö mozzarellan med låg fuktighet på pajerna och fyll sedan på dem med färsk mozzarella och pepperoni efter smak.

Strö över oregano och peppa med lite olivolja.

m) Placera pizzorna på mitten av ugnen på en stor bakplåt eller plåtar för att fånga upp spill och laga sedan i 15 minuter eller så. Använd en förskjuten spatel för att lyfta pizzan och kontrollera bottnarna.

n) Pizzan är klar när skorpan är gyllene och osten smält och börjar få färg på toppen, cirka 20 till 25 minuter.

## 49. Pepperoni Pizza Chili

**Ingrediens**

- 2 pund köttfärs
- 1 pund varm italiensk korvlänkar
- 1 stor lök, hackad
- 1 stor grön paprika, hackad
- 4 vitlöksklyftor, hackade
- 1 burk (16 uns) salsa
- 1 burk (16 ounces) heta chilibönor, odränerade
- 1 burk (16 uns) kidneybönor, sköljda och avrunna
- 1 burk (12 uns) pizzasås
- 1 paket (8 uns) skivad pepperoni, halverad
- 1 kopp vatten
- 2 tsk chilipulver
- 1/2 tsk salt
- 1/2 tsk peppar

- 3 koppar (12 uns) strimlad del skummozzarellaost

**Vägbeskrivning**

a) Tillaga nötkött, korv, lök, grön paprika och vitlök i en holländsk ugn på medelvärme tills köttet inte längre är rosa; låt rinna av.
b) Rör ner salsan, bönorna, pizzasåsen, pepperoni, vatten, chilipulver, salt och peppar. Koka upp. Minska värmen; täck.

## 50. Pesto pizza

**Ingrediens**

- 1 1/2 koppar (packade) skaftade spenatblad

- 1/2 kopp (förpackade) färska basilikablad (ca 1 knippe)

- 1 1/2 msk olja från oljeförpackade soltorkade tomater eller olivolja

- 1 stor vitlöksklyfta

- Olivolja

- 1 12 tum NY Style degskal

- 1/3 kopp skivade avrunna oljepackade soltorkade tomater 2 koppar riven mozzarellaost (ca 8 ounces)

- 1 dl riven parmesanost

**Vägbeskrivning**

a) Mixa de första 4 i processorn till grov puré. Överför peston till en liten skål. (Kan förberedas 1 dag i förväg. Tryck plast direkt på pestons yta för att täcka

kylen.) Värm ugnen till 500F. Smörj 12-tums pizzapanna med olivolja.
b) Lägg degen i formen och fördela all peston över degen. Strö över soltorkade tomater, sedan ostar. Grädda pizza tills skorpan är brun och osten smält.

## 51. Philly Cheesesteak Pizza

**Ingrediens**

- 1 medelstor lök, skivad
- 1 medelstor grön paprika, skivad
- 8 oz. Svamp, skivad
- 8 oz. Rostbiff, rakad
- 3 matskedar Worcestershiresås
- 1/4 te. Svartpeppar
- 1 sats siciliansk deg med tjock skorpa
- 3 msk olivolja
- 1 tsk pressad vitlök
- 4 koppar provoloneost
- 1/4 dl parmesanost, riven

**Vägbeskrivning**

a) Fräs grönsaker i 1 matsked. olivolja tills den är mjuk tillsätt rostbiff. Koka i ytterligare tre minuter.
b) Tillsätt Worcestershiresås och pepparröra och ta bort från värmen. Avsätta.
c) Pensla den förberedda degen med olivolja och fördela pressad vitlök över hela degytan. Toppa med ett lätt lager riven ost, sedan kött/grönsaksblandning, fördela jämnt.

d) Toppa med resterande riven ost, sedan parmesan. Grädda i förvärmd 500F ugn tills osten är smält och bubblig.
e) Låt stå i 5 minuter innan du skär och serverar.

52.        Pitabizza med gröna oliver

**Ingrediens**

**Hackad sallad**

- 1 vitlöksklyfta, skalad och halverad
- 2 msk balsamvinäger
- 1 liten rödlök, halverad, tunt skivad
- ¼ kopp extra virgin olivolja
- Grovt havssalt och färsk svartpeppar 3 hjärtan av romaine, grovt hackade 4 medelstora Kirbygurkor, skurna i
- lagom stora bitar
- 2 medelstora tomater, kärnade ur, kärnade och tärnade
- 1 mogen avokado, tärnad
- 5 färska basilikablad, rivna i bitar
- 8-10 färska myntablad, rivna i bitar

**Pita pizza**
- 4 (7 tum) pocket mindre pitabröd
- 8 oz. Monterey Jack ost, riven
- ½ kopp urkärnade och hackade gröna oliver
- 2 jalapeñopeppar, malet krossade rödpepparflingor Nymalen svartpeppar Rakad parmesanost till garnering

## Vägbeskrivning

a) Värm ugnen till 450°F.
b) För att förbereda salladen, gnugga kraftigt insidan av en stor skål med vitlöken. Tillsätt vinäger och rödlök och ställ åt sidan i 5 minuter. Vispa i oljan och smaka av med salt och peppar. Tillsätt sallad, gurka, tomat, avokado, basilika och mynta och blanda väl.
c) Grädda pitorna, i omgångar om det behövs, på den uppvärmda pizzastenen eller pannan i 3 minuter. I en liten skål, kombinera ost, oliver och jalapeño. Fördela denna blandning mellan de fyra pitasna.
**d)** Sätt tillbaka pitabröden i ugnen, två åt gången, och grädda tills osten bubblar och får lite färg, cirka 5 minuter. Höj salladen ovanpå pizzorna, strö över parmesanost och servera.
e) BRED pitabröd med sås. Tillsätt extra vitlökspulver och oregano om så önskas. LÄGG sedan till ditt val av pålägg! Hackade tomater, lök, paprika, zucchini eller gul squash är alla läckra och näringsrika!
f) Grädda i 400° i 10 minuter.

## 53.        Pizza hamburgare

### Ingrediens

- 1 lb. köttfärs
- 1/4 st hackade oliver
- 1 c cheddarost
- 1/2 t vitlökspulver
- 18 oz. burk tomatsås
- 1 lök, tärnad

### Vägbeskrivning

a) Bryn kött med vitlök och lök.
b) Ta av från värmen och rör ner tomatsås och oliver.
c) Lägg i korvbullar med ost.
d) Slå in i folie och grädda i 15 minuter i 350 grader.

## 54. Lunchlåda pizza

## Ingrediens

- 1 rund pitabröd
- 1 tsk olivolja
- 3 msk pizzasås
- 1/2 C. strimlad mozzarellaost
- 1/4 C. skivad crimini-svamp
- 1/8 tsk vitlökssalt

## Vägbeskrivning

a) Ställ in din grill på medelhög värme och smörj grillgallret.
b) Fördela oljan och pizzasåsen jämnt över 1 sida av pitabrödet.
c) Lägg svampen och osten över såsen och strö över allt med vitlökssaltet.
d) Lägg upp pitabrödet på grillen, med svampsidan uppåt.
e) Täck över och koka på grillen i ca 5 minuter.

## 55.     Kyld fruktig godbit

## Ingrediens

- 1 (18 oz.) förpackning kyld sockerkaksdeg
- 1 (7 oz.) burk marshmallow crème
- 1 (8 oz.) paket färskost, uppmjukad

## Vägbeskrivning

a) Sätt ugnen på 350 grader F innan du gör något annat.
b) Lägg degen på en medelstor bakplåt ca 1/4-tums tjocklek.
c) Tillaga allt i ugnen i ca 10 minuter.
d) Ta ut allt från ugnen och ställ åt sidan för att svalna.
e) Blanda ihop färskost och marshmallowcrème i en skål.
f) Fördela färskostblandningen över skorpan och ställ kallt innan servering.

## 56. Rökig pizza

## Ingrediens

- 3 1/2 C. allroundmjöl
- Pizza Crust Jäst
- 1 msk socker
- 1 1/2 tsk salt
- 1 1/3 C. mycket varmt vatten (120 grader till 130 grader F)
- 1/3 C. olja
- Ytterligare mjöl för rullning
- Extra olja för grillning
- Pizzasås
- Andra pålägg efter önskemål
- Strimlad mozzarellaost

## Vägbeskrivning

a) Ställ in din grill på medelhög värme och smörj grillgallret.
b) I en stor skål, blanda ihop 2 C. av mjöl, jäst, socker och salt.
c) Tillsätt olja och vatten och blanda tills det är väl blandat.
d) Tillsätt långsamt resten av mjölet och blanda tills en lite kladdig deg bildas.
e) Lägg degen på en mjölad yta och knåda den tills degen blir elastisk.
f) Dela degen i 8 delar och rulla varje del på en mjölad yta till cirka 8-tums cirkel.

g) Belägg båda sidorna av varje skorpa med lite extra olja.
h) Koka alla skorpor på grillen i ca 3-4 minuter.
i) Lägg över skorpan på en slät yta med grillad sida uppåt.
j) Bred ut ett tunt lager pizzasås jämnt på varje skorpa.
k) Lägg önskat pålägg och ost över såsen och koka allt på grillen tills osten smält.

## 57.    Sweet-Tooth Pizza

**Ingrediens**

- 1 (18 oz.) förpackning kyld sockerkaksdeg
- 1 (8 oz.) behållare fryst vispad topping, tinad
- 1/2 C. skivad banan
- 1/2 C. skivade färska jordgubbar
- 1/2 C. krossad ananas, avrunnen
- 1/2 C. kärnfria druvor, halverade

**Vägbeskrivning**

a) Sätt ugnen på 350 grader F innan du gör något annat.
b) Lägg degen på en 12-tums pizzapanna.
c) Tillaga allt i ugnen i ca 15-20 minuter.
d) Ta ut allt från ugnen och ställ åt sidan för att svalna.
e) Fördela den vispade toppingen över skorpan och toppa med frukten i valfri design.
f) Ställ in i kylen innan servering.

## 58. Unik pizza

**Ingrediens**

- 1 (10 oz.) burk kyld pizzadeg
- 1 C. hummuspålägg
- 1 1/2 C. skivad paprika, valfri färg
- 1 C. broccolibuketter
- 2 C. strimlad Monterey Jack ost

**Vägbeskrivning**

a) Sätt ugnen på 475 grader F innan du gör något annat.
b) Lägg degen på en pizzapanna.
c) Lägg ett tunt lager av hummusen jämnt över skorpan och toppa allt med broccolin och paprikan.
d) Strö över pizzan med osten och tillaga allt i ugnen i ca 10-15 minuter.

## 59. Hantverkspizza

**Ingrediens**

- 1 (12 tum) förgräddad pizzabotten
- 1/2 C. pesto
- 1 mogen tomat, hackad
- 1/2 C. grön paprika, hackad
- 1 (2 oz.) burk hackade svarta oliver, avrunna
- 1/2 liten rödlök, hackad
- 1 (4 oz.) burk kronärtskocka hjärtan, avrunna och skivade
- 1 C. smulad fetaost

**Vägbeskrivning**

a) Sätt ugnen på 450 grader F innan du gör något annat.
b) Lägg degen på en pizzapanna.
c) Lägg ett tunt lager av peston jämnt över skorpan och toppa med grönsakerna och fetaosten.
d) Strö över pizzan med osten och tillaga allt i ugnen i ca 8-10 minuter.

## 60. Pepperoni Pizza Dip

## Ingrediens

- 1 (8 oz.) paket färskost, uppmjukad
- 1 (14 oz.) burk pizzasås
- 1/4 lb. pepperonikorv, tärnad
- 1 lök, hackad
- 1 (6 oz.) burk svarta oliver, hackade
- 2 C. strimlad mozzarellaost

## Vägbeskrivning

a) Sätt ugnen på 400 grader F innan du gör något annat och smörj en 9-tums pajform.
b) I botten av den förberedda pajformen, lägg färskosten och toppa med pizzasåsen.
c) Toppa allt med oliver, pepperoni och lök och strö över mozzarellaost.
d) Tillaga allt i ugnen i ca 20-25 minuter.

## 61. Tonfisk pizza

## Ingrediens

- 1 (8 oz.) paket färskost, uppmjukad
- 1 (14 oz.) paket förgräddad pizzabotten
- 1 (5 oz.) burk tonfisk, avrunnen och flingad
- 1/2 C. tunt skivad rödlök
- 1 1/2 C. strimlad mozzarellaost
- krossade rödpepparflingor, eller efter smak

## Vägbeskrivning

a) Sätt ugnen på 400 grader F innan du gör något annat.
b) Fördela färskosten över den förgräddade skorpan.
c) Toppa skalet med tonfisk och lök och strö över mozzarellaost och rödpepparflingor.
d) Tillaga allt i ugnen i ca 15-20 minuter.

## 62. Pizza smaksatt kyckling

## Ingrediens

- 1/2 C. Italienskkryddat brödsmulor
- 1/4 C. riven parmesanost
- 1 tsk salt
- 1 tsk mald svartpeppar
- 1/2 C. universalmjöl
- 1 ägg
- 1 msk citronsaft
- 2 skinnfria, benfria kycklingbrösthalvor
- 1/2 C. pizzasås, delad
- 1/2 C. strimlad mozzarellaost, delad
- 4 skivor pepperoni, eller efter smak - delad

## Vägbeskrivning

a) Sätt ugnen på 400 grader F innan du gör något annat.
b) I en grund form, tillsätt citronsaft och ägg och vispa väl.
c) Lägg mjölet i en andra grund skål.
d) I en tredje skål, blanda ihop parmesan, ströbröd, salt och svartpeppar.
e) Klä varje kycklingbröst med äggblandningen och rulla in i mjölblandningen.
f) Doppa igen kycklingen i äggblandningen och rulla in i ströbrödsblandningen.

g) Lägg kycklingbrösten i en ugnsform och tillaga allt i ugnen i ca 20 minuter.
h) Lägg cirka 2 matskedar av pizzasåsen över varje kycklingbröst och toppa med ost och pepperoniskivor jämnt.
i) Tillaga allt i ugnen i ca 10 minuter.

## 63. Frukost pizza

## Ingrediens

- 2/3 C. varmt vatten
- 1 (0,25 oz.) förpackning snabbjäst
- 1/2 tsk salt
- 1 tsk vitt socker
- 1/4 tsk torkad oregano
- 1 3/4 C. universalmjöl
- 6 skivor bacon, hackad
- 1/2 C. salladslök, tunt skivad
- 6 ägg, vispade
- salt och peppar efter smak
- 1/2 C. pizzasås
- 1/4 C. riven parmesanost
- 2 oz. tunt skivad salami

## Vägbeskrivning

a) Sätt ugnen på 400 grader F innan du gör något annat och smörj en pizzabricka lätt.
b) Tillsätt vatten, socker, jäst, oregano och salt i en skål och rör om tills det är helt upplöst.
c) Tillsätt ca 1 C. av mjölet och blanda väl.
d) Tillsätt resten av mjölet och blanda väl.
e) Täck skålen med plastfolie och håll åt sidan i ca 10-15 minuter.

f) Hetta upp en stor stekpanna på medelvärme och koka baconet tills det får färg.
g) Tillsätt salladslöken och fräs i ca 1 minut.
h) Tillsätt äggen och koka, rör om tills äggröran är förberedd.
i) Rör ner salt och svartpeppar.
j) Bred ut pizzasåsen över degen och lägg degen på den förberedda pizzabrickan.
k) Toppa med bacon, ägg, parmesan och salami och tillaga allt i ugnen i ca 20-25 minuter.

## 64. Trädgård färsk pizza

## Ingrediens

- 2 (8 oz.) förpackningar kylda halvmånerullar
- 2 (8 oz.) paket färskost, uppmjukad
- 1/3 C. majonnäs
- 1 (1,4 oz.) paket torr grönsakssoppamix
- 1 C. rädisor, skivade
- 1/3 C. hackad grön paprika
- 1/3 C. hackad röd paprika
- 1/3 C. hackad gul paprika
- 1 C. broccolibuketter
- 1 C. blomkålsbuketter
- 1/2 C. hackad morot
- 1/2 C. hackad selleri

## Vägbeskrivning

a) Sätt ugnen på 400 grader F innan du gör något annat.
b) I botten av en 11x14-tums jellyroll-panna, sprid halvmånerulldegen.
c) Nyp ihop eventuella sömmar med fingrarna för att skapa en skorpa.
d) Tillaga allt i ugnen i ca 10 minuter.
e) Ta ut allt från ugnen och låt det svalna helt.

f) Blanda majonnäs, färskost och grönsakssoppa i en skål.
g) Lägg majonnäsblandningen jämnt över skorpan och toppa allt med grönsakerna jämnt och tryck försiktigt ner dem i majonnäsblandningen.
h) Täck pizzan med plastfolien och ställ i kylen över natten.

## 65. Pizzaskal

## Ingrediens

- 2 (28 oz.) burkar krossade tomater
- 2 msk rapsolja
- 2 matskedar torkad oregano
- 1 tsk torkad basilika
- 1 tsk vitt socker
- 1 (12 oz.) box jumbo pastaskal
- 1 (6 oz.) burk skivad svamp, avrunnen
- 1/2 grön paprika, hackad
- 1/2 lök, hackad
- 2 C. strimlad Monterey Jack ost
- 1 (6 oz.) paket skivad mini pepperoni

## Vägbeskrivning

a) Tillsätt krossade tomater, basilika, oregano, socker och olja i en kastrull och blanda väl.
b) Täck pannan och låt koka upp.
c) Sänk värmen till låg och låt sjuda i cirka 30 minuter.
d) Sätt din ugn på 350 grader F.
e) Koka pastaskalen i en stor kastrull med lättsaltat kokande vatten i cirka 10 minuter, rör om då och då.
f) Häll av väl och håll åt sidan.
g) Blanda ihop grön paprika, lök och svamp i en skål.

h) Lägg cirka 1 tsk av tomatsåsen i varje skal och strö över lökblandningen och cirka 1 msk Monterey Jack-ost.
i) I en 13x9-tums ugnsform, arrangera skalen, sida vid sida och rörande och placera mini pepperoniskivor över varje skal.
j) Tillaga allt i ugnen i ca 30 minuter.

## 66. Varm italiensk stekpizza

## Ingrediens

- 1 msk olivolja
- 1 spansk lök, tunt skivad
- 1 grön paprika, tunt skivad
- 1 (3,5 oz.) länk varm italiensk korv, skivad
- 1/4 C. skivad färsk svamp, eller mer efter smak
- 1 skiva beredd polenta, skuren i 4x4-tums bitar
- 1/4 C. spaghettisås, eller efter behov
- 1 oz. strimlad mozzarellaost

## Vägbeskrivning

a) Värm oljan på medelvärme i en stor stekpanna och fräs korven, paprikan, svampen och löken i ca 10-15 minuter.
b) Överför blandningen i en stor skål.
c) Lägg i polentan i samma stekpanna och koka i ca 5 minuter på båda sidor.
d) Toppa polentan med korvblandningen, följt av spaghettisåsen och mozzarellaosten.
e) Koka i ca 5-10 minuter.

## 67. New Orleans Style Pizza

**Ingrediens**

- 8 jumbo svarta oliver, urkärnade
- 8 urkärnade gröna oliver
- 2 msk hackad selleri
- 2 msk hackad rödlök
- 2 hackade vitlöksklyftor
- 6 blad hackad färsk basilika
- 1 msk hackad färsk persilja
- 2 msk olivolja
- 1/2 tsk torkad oregano
- salt och nymalen svartpeppar efter smak
- 1 (16 oz.) paket färdig pizzacrust
- 1 msk olivolja
- 1/2 tsk vitlökspulver efter smak och salt efter smak
- 2 oz. mozzarellaost och 2 oz. provolone ost
- 2 oz. riven parmesanost
- 2 oz. tunt skivad hård salami, skuren i strimlor
- 2 oz. tunt skivad mortadella, skuren i strimlor
- 4 oz. tunt skivad prosciutto, skuren i strimlor

**Vägbeskrivning**

a) Blanda ihop oliver, lök, selleri, vitlök, färska örter, torkad oregano, salt, svartpeppar och olja i en skål.
b) Täck över och ställ i kylen innan du använder den.
c) Sätt din ugn på 500 grader F.
d) Pensla pizzaskalet med oljan och strö över vitlökspulvret och saltet.
e) Lägg pizzaskalet över ugnsgallret och tillaga allt i ugnen i ca 5 minuter.
f) Ta ut allt från ugnen och låt det svalna helt.
g) Ställ nu in ugnen på broiler.
h) Blanda ihop allt som är kvar i en skål.
i) Tillsätt olivblandningen och rör om för att kombinera.
j) Lägg blandningen över skorpan jämnt och koka under broilern i cirka 5 minuter.
k) Skär rätten i önskade skivor och servera.

## 68. Torsdagskvällspizza

## Ingrediens

- 10 fluid oz. varmvatten
- 3/4 tsk salt
- 3 matskedar vegetabilisk olja
- 4 C. allroundmjöl
- 2 tsk aktiv torrjäst
- 1 (6 oz.) burk tomatpuré
- 3/4 C. vatten
- 1 (1,25 oz.) paket tacokrydda mix, uppdelad
- 1 tsk chilipulver
- 1/2 tsk cayennepeppar
- 1 (16 oz.) burk fettfria refried bönor
- 1/3 C. salsa
- 1/4 C. hackad lök
- 1/2 lb. köttfärs
- 4 C. strimlad cheddarost

## Vägbeskrivning

a) I brödmaskinen, tillsätt vatten, salt, olja, mjöl och jäst i den ordning som rekommenderas av tillverkaren.
b) Välj degcykeln.
c) Kontrollera degen efter några minuter.
d) Om det är för torrt och inte blandas långsamt, tillsätt vatten 1 msk i taget,

tills det blandas och har en fin smidig degkonsistens.
e) Blanda under tiden ihop tomatpurén, 3/4 av paketet med tacokrydda mix, cayennepeppar, chilipulver och vatten i en liten skål.
f) I en annan skål, blanda ihop salsan, refried beans och lök.
g) Hetta upp en stor stekpanna och koka nötfärsen tills den är helt brynt.
h) Häll av överflödigt fett från stekpannan.
i) Tillsätt resterande 1/4 paket tacokrydda och en liten mängd vatten och låt puttra i några minuter.
j) Ta bort allt från värmen.
k) Sätt ugnen på 400 grader F innan du fortsätter.
l) Efter att degcykeln är klar, ta bort degen från maskinen.
m) Dela degen i 2 delar och lägg i två 12-tumsformar.
n) Bred ut ett lager av bönblandningen över varje deg, följt av ett lager av tomatpuréblandningen, nötköttsblandningen och cheddarosten.
o) Tillaga allt i ugnen i ca 10-15 minuter, vänd på halva gräddningstiden.

## 69. Blandad Veggie Pizza

### Ingrediens

- 1 msk olivolja
- 1 (12 oz.) påse blandade grönsaker
- 1 (10 oz.) förgräddad fullkornspizza
- 1 C. beredd pizzasås
- 1 oz. skivad pepperoni
- 1 C. strimlad mozzarellaost

### Vägbeskrivning

a) Sätt ugnen på 450 grader F innan du gör något annat.
b) I en stor nonstick-panna, värm oljan på medelhög värme och koka de blandade grönsakerna i cirka 10 minuter, rör om då och då.
c) Lägg pizzaskalet på en plåt.
d) Fördela pizzasåsen jämnt över skorpan och toppa med grönsaksblandningen, pepperoni och mozzarellaost.
e) Tillaga allt i ugnen i ca 10 minuter

## 70. Hamburger pizza

## Ingrediens

- 8 hamburgerbullar, delade
- 1 lb. köttfärs
- 1/3 C. lök, hackad
- 1 (15 oz.) burk pizzasås
- 1/3 C. riven parmesanost
- 2 1/4 tsk italiensk krydda
- 1 tsk vitlökspulver
- 1/4 tsk lökpulver
- 1/8 tsk krossade rödpepparflingor
- 1 tsk paprika
- 2 C. strimlad mozzarellaost

## Vägbeskrivning

a) Ställ in ugnen på broiler och ordna ugnshyllan cirka 6-tum från värmeelementet.
b) I en plåt, arrangera bullhalvorna med skorpan nedåt och tillaga allt under grillen i ca 1 minut.
c) Sätt nu ugnen på 350 grader F.
d) Värm en stor stekpanna på medelvärme och koka nötköttet i cirka 10 minuter.
e) Häll av överflödigt fett från stekpannan.
f) Rör ner löken och fräs allt i ca 5 minuter.
g) Tillsätt resten utom mozzarellaosten och låt koka upp.

h) Sjud, rör om då och då i 10-15 minuter.
i) Lägg bullarna på en plåt och toppa dem med nötköttsblandningen och mozzarellaosten jämnt.
j) Tillaga allt i ugnen i ca 10 minuter.

71.     Grädde av pizza

**Ingrediens**

- 1 pund malen korv
- 2 (12 tum) beredda pizzaskorpor
- 12 ägg
- 3/4 C. mjölk
- salt och peppar efter smak
- 1 (10,75 oz.) burk kondenserad gräddsellerisoppa
- 1 (3 oz.) burk baconbitar
- 1 liten lök, finhackad
- 1 liten grön paprika, hackad
- 4 C. strimlad cheddarost

**Vägbeskrivning**

a) Sätt ugnen på 400 grader F innan du gör något annat.
b) Värm en stor stekpanna på medelhög värme och koka korven tills den är helt brun.

c) Lägg över korven på en plåt med hushållspapper för att rinna av och smula den sedan.
d) Tillsätt under tiden mjölken, äggen, salt och svartpeppar i en skål och vispa väl.
e) I samma stekpanna med korv, rör ihop äggen tills de stelnat helt.
f) Lägg pizzaskorpor upp och ner på plåtarna och tillaga allt i ugnen i ca 5-7 minuter.
g) Ta bort skorparna ur ugnen och vänd den motsatta sidan uppåt.
h) Bred ut ca 1/2 burk av gräddsellerisoppan ovanpå varje skorpa.
i) Lägg 1/2 av äggblandningen på varje skorpa.
j) Lägg baconbitarna på 1 pizza och toppa den andra pizzan med den smulade korven.
k) Toppa varje pizza med lök, paprika och 2 C. av osten.
l) Tillaga allt i ugnen, ca 25-30 minuter.

## 72. Roma Fontina Pizza

## Ingrediens

- 1/4 C. olivolja
- 1 msk finhackad vitlök
- 1/2 tsk havssalt
- 8 romska tomater, skivade
- 2 (12 tum) förgräddade pizzaskorpor
- 8 oz. strimlad mozzarellaost
- 4 oz. strimlad Fontinaost
- 10 färska basilikablad, strimlade
- 1/2 C. nyriven parmesanost
- 1/2 C. smulad fetaost

## Vägbeskrivning

a) Sätt ugnen på 400 grader F innan du gör något annat.

b) Blanda ihop tomater, vitlök, olja och salt i en skål och håll det åt sidan i cirka 15 minuter.

c) Bestryk varje pizzaskal med lite av tomatmarinaden.

d) Toppa allt med ostarna Mozzarella och Fontina, följt av tomater, basilika, parmesan och fetaost.

e)

## 73. Kryddig spenat kycklingpizza

**Ingrediens**

- 1 C. varmt vatten
- 1 msk vitt socker
- 1 (0,25 oz.) förpackning aktiv torrjäst
- 2 matskedar vegetabilisk olja
- 3 C. allroundmjöl
- 1 tsk salt
- 6 skivor bacon
- 6 matskedar smör
- 2 vitlöksklyftor, hackade
- 1 1/2 C. tjock grädde
- 2 äggulor
- 1/2 C. nyriven parmesanost
- 1/2 C. nyriven romanost
- 1/8 tsk mald muskotnöt
- 1/2 tsk paprika
- 1/4 tsk cayennepeppar
- 1/4 tsk mald spiskummin
- 1/4 tsk smulad torkad timjan
- 1/8 tsk salt
- 1/8 tsk mald vitpeppar
- 1/8 tsk lökpulver
- 2 skinnfria, benfria kycklingbrösthalvor
- 1 matskedar vegetabilisk olja
- 1 C. strimlad mozzarellaost
- 1/2 C. babyspenatblad
- 3 msk nyriven parmesanost
- 1 roma tomat, tärnad

**Vägbeskrivning**

a) Tillsätt vatten, socker, jäst och 2 matskedar av den vegetabiliska oljan i arbetsskålen på en stor mixer, utrustad med en degkrok, och blanda i flera sekunder på låg hastighet.
b) Stoppa mixern och tillsätt mjöl och salt och starta igen mixern på låg hastighet och mixa tills mjölblandningen är helt blandad med jästblandningen.
c) Vrid nu hastigheten till medel-låg och maskinknåda degen i cirka 10 till 12 minuter.
d) Strö över degen med mjöl då och då om den fastnar på bunkens sidor.
e) Forma degen till en boll och lägg allt i en smord bunke och vänd degen i bunken flera gånger för att täcka med oljan jämnt.
f) Täck degen med en handduk och förvara den på en varm plats i minst 30 minuter till 1 timme.
g) Värm en stor stekpanna på medelhög värme och stek baconet tills det är helt brynt.
h) Lägg baconet på en plåt med hushållspapper för att rinna av och hacka det.

i) Smält smöret i en stor stekpanna på medelvärme och fräs vitlöken i ca 1 minut.
j) Rör ner grädden och äggulorna och vispa till en slät smet.
k) Rör ner ca 1/2 C av parmesanosten, romanoosten, muskotnöt och salt och låt sjuda försiktigt på låg värme.
l) Sjud under konstant omrörning i ca 3-5 minuter.
m) Ta bort allt från värmen och ställ åt sidan.
n) Sätt ugnen på 350 grader F innan du fortsätter.
o) I en skål, blanda ihop timjan, spiskummin, paprika, cayennepeppar, lökpulver, 1/8 tsk av saltet och vitpeppar.
p) Gnid in ena sidan av varje kycklingbröst med kryddblandningen jämnt.
q) Värm 1 matskedar vegetabilisk olja i en stekpanna på hög värme och stek kycklingbrösten, kryddad sida, i cirka 1 minut per sida.
r) Lägg över kycklingbrösten på en plåt.
s) Tillaga allt i ugnen i ca 5-10 minuter, eller tills det är helt klart.
t) Ta ut allt från ugnen och skär i skivor.
u) Lägg pizzadegen på en mjölad yta och slå ner den och kavla sedan ut den.

v) Lägg pizzaskalet på en tjock plåt.
w) Gör flera hål med en gaffel i skorpan och tillaga allt i ugnen i ca 5-7 minuter.
x) Ta ut allt från ugnen och lägg Alfredosåsen jämnt över skorpan, följt av mozzarellaost, kycklingskivor, bladspenat, bacon och 3 matskedar parmesanost.
y) Tillaga allt i ugnen i ca 15-20 minuter.
z) Servera med en topping av hackade romatomater.

## 74. Pizza till påsk

## Ingrediens

- 1/2 lb. italiensk korv i bulk
- olivolja
- 1 (1 lb.) limpa fryst bröddeg, tinad
- 1/2 lb. skivad mozzarellaost
- 1/2 lb. skivad kokt skinka
- 1/2 lb. skivad provoloneost
- 1/2 lb. skivad salami
- 1/2 lb. skivad pepperoni
- 1 (16 oz.) behållare ricottaost
- 1/2 C. riven parmesanost
- 8 ägg, vispade
- 1 ägg
- 1 tsk vatten


## Vägbeskrivning

a) Värm en stor stekpanna på medelvärme och koka korven i ca 5-8 minuter.
b) Häll av överflödigt fett från stekpannan och lägg över korven i en skål.
c) Sätt ugnen på 350 grader F och smörj en 10-tums springskumpanna med olivoljan.
d) Skär 1/3 av degen från brödet och ställ åt sidan under en duk.

e) Forma de återstående 2/3 av degen till en boll och lägg på en mjölad yta, rulla sedan till en 14-tums cirkel.
f) Lägg degen i den förberedda springformen, låt degen hänga över kanten med 2 tum runt om.
g) Lägg hälften av den kokta korven på skorpan, följt av hälften av mozzarellaosten, hälften av skinkan, hälften av provoloneosten, hälften av salamin och hälften av pepperonin.
h) Toppa allt med ricottaosten, följt av hälften av parmesanosten över ricottan, hälften av de vispade äggen.
i) Upprepa alla lager en gång.
j) Kavla ut den återstående biten av bröddegen till en 12-tums cirkel.
k) Placera biten över pizzapajen för att bilda den övre skorpan och rulla, nyp sedan nedre skorpan överhäng över den övre skorpan för att försegla fyllningen.
l) I en liten skål, vispa 1 ägg med vatten och täck toppen av pajen med äggtvätt.
m) Tillaga allt i ugnen i cirka 50-60 minuter eller tills en tandpetare som sticks in i mitten av skorpan kommer ut ren.

## 75.     Super-Bowl Pizza

## Ingrediens

- 3 potatisar, skurade
- 6 skivor bacon
- 1 (6,5 oz.) paket pizzaskorpsmix
- 1/2 C. vatten
- 1/4 C. olivolja
- 1 msk smör, smält
- 1/4 tsk vitlökspulver
- 1/4 tsk torkad italiensk krydda
- 1/2 C. gräddfil
- 1/2 C. Ranchdressing
- 3 salladslökar, hackade
- 1 1/2 C. strimlad mozzarellaost
- 1/2 C. strimlad cheddarost

## Vägbeskrivning

a) Sätt ugnen på 450 grader F innan du gör något annat.
b) Pricka potatisen flera gånger med en gaffel och placera den på en plåt.
c) Tillaga allt i ugnen i ca 50-60 minuter.
d) Ta ut allt från ugnen och svalna och skala dem sedan.
e) Värm en stor stekpanna på medelhög värme och koka baconet i cirka 10 minuter.

f) Lägg baconet på en plåt med hushållspapper för att rinna av och smula sönder det.
g) Sätt nu ugnen på 400 grader F och smörj en pizzapanna lätt.
h) I en stor skål, tillsätt pizzacrustmixen, olja och vatten och blanda med en gaffel tills det är väl blandat.
i) Lägg degen på ett lätt mjölat underlag och knåda i ca 8 minuter.
j) Ställ åt sidan i ca 5 minuter.
k) Forma degen till en platt cirkel och placera den i den förberedda pizzaformen, låt degen hänga lite över kanten.
l) Tillaga allt i ugnen i ca 5-6 minuter.
m) Blanda ihop potatis, smör, vitlökspulver och italiensk krydda i en stor skål.
n) I en liten skål, blanda ihop gräddfil och ranchdressing.
o) Lägg gräddfilsblandningen jämnt över skorpan och toppa med potatisblandningen, följt av bacon, lök, mozzarellaost och cheddarost.
p) Tillaga allt i ugnen i ca 15-20 minuter.

## 76. Tunnbrödspizza

## Ingrediens

- 1 msk olivolja
- 6 crimini-svampar, skivade
- 3 vitlöksklyftor, hackade
- 1 nypa salt och malen svartpeppar
- 1 msk olivolja
- 8 spjut färsk sparris, putsad och skuren i 2-tums bitar
- 1/2 lb. Äppelvedsrökt bacon, skuren i 2-tums bitar
- 1 (12 tum) beredd tunnbrödspizza
- 3/4 C. beredd marinarasås
- 1/2 C. strimlad mozzarellaost
- 1/2 C. strimlad Asiago ost

## Vägbeskrivning

a) Sätt ugnen på 400 grader F innan du gör något annat och fodra en bakplåt med folie.
b) Värm 1 msk olja i en stor stekpanna på medelvärme och fräs svamp, vitlök, salt och svartpeppar i cirka 10 minuter.
c) Ta bort allt från värmen och håll det åt sidan.
d) I en annan stor stekpanna, värm 1 matskedar av oljan på medelhög värme

och koka sparrisen i cirka 8 minuter, rör om då och då.
e) Lägg över sparrisen i en skål.
f) Sänk värmen till medel och koka baconet i samma stekpanna i cirka 10 minuter.
g) Lägg baconet på en plåt med hushållspapper för att rinna av.
h) Ordna tunnbrödsskorpan på den förberedda bakplåten.
i) Lägg marinarasåsen jämnt över skorpan, följt av svampblandningen, sparris, bacon, mozzarellaost och Asiagoost.
j) Tillaga allt i ugnen i ca 12-15 minuter.

## 77. Tidig morgonpizza

## Ingrediens

- 1 lb. mald fläskkorv
- 1 (8 oz.) paket kyld halvmånerulldeg, eller efter behov
- 8 oz. mild cheddarost, strimlad
- 6 ägg
- 1/2 C. mjölk
- 1/2 tsk salt
- mald svartpeppar efter smak

## Vägbeskrivning

a) Sätt ugnen på 425 grader F innan du gör något annat.
b) Hetta upp en stor stekpanna på medelvärme och stek köttet tills det är helt brynt.
c) Häll av överflödigt fett från stekpannan.
d) Lägg halvmånerulldegen på en smord 13x9-tums ugnsform.
e) Lägg korven och cheddarosten jämnt över halvmånerullningsdegen.
f) Täck bakformen med plastfolie och ställ i kylen i cirka 8 timmar till över natten.
g) Sätt din ugn på 350 grader F.

h) Tillsätt ägg, mjölk, salt och svartpeppar i en skål och vispa väl.
i) Lägg äggblandningen jämnt över korven och osten i ugnsformen.
j) Täck ugnsformen med lite folie och tillaga allt i ugnen i ca 20 minuter.
k) Sätt nu ugnen på 325 grader F innan du fortsätter.
l) Avtäck ugnsformen och tillaga allt i ugnen i ca 15-25 minuter.

## 78.    Bakvägspizza

## Ingrediens

- 1 lb. köttfärs
- 1 (10,75 oz.) burk kondenserad grädde av svampsoppa, outspädd
- 1 (12 tum) förgräddad tunn pizzaskorpa
- 1 (8 oz.) paket strimlad cheddarost

## Vägbeskrivning

a) Sätt ugnen på 425 grader F innan du gör något annat.
b) Hetta upp en stor stekpanna på medelvärme och stek köttet tills det är helt brynt.
c) Häll av överflödigt fett från stekpannan.
d) Lägg grädden med svampsoppa jämnt över pizzaskalet och toppa med det kokta nötköttet, följt av osten.
e) Tillaga allt i ugnen i ca 15 minuter.

79.     Barnvänliga pizzor

**Ingrediens**

- 1 lb. köttfärs
- 1 pund färsk, mald fläskkorv
- 1 lök, hackad
- 10 oz. smält amerikansk ost, i tärningar
- 32 oz. cocktail rågbröd

**Vägbeskrivning**

a) Sätt ugnen på 350 grader F innan du gör något annat.
b) Hetta upp en stor stekpanna och koka korven och nötköttet tills de fått färg.
c) Tillsätt löken och koka tills den är mjuk och tappa av överflödigt fett från stekpannan.
d) Rör ner smältostmaten och koka tills osten smält.
e) Lägg brödskivorna på en plåt och toppa varje skiva med en rågad sked av nötköttsblandningen.
f) Tillaga allt i ugnen i ca 12-15 minuter.

80.     Pennsylvaniansk pizza

## Ingrediens

- 1 (1 lb.) limpa fryst fullkornsbröddeg, tinad
- 1/2 C. tusen ö dressing
- 2 C. strimlad schweizerost
- 6 oz. deli skivad corned beef, skuren i strimlor
- 1 C. surkål - sköljd och avrunnen
- 1/2 tsk kumminfrö
- 1/4 C. hackad dillgurka (valfritt)

## Vägbeskrivning

a) Sätt ugnen på 375 grader F innan du gör något annat och smörj en pizzapanna.
b) På en lätt mjölad yta rullar du bröddegen till en stor cirkel med en diameter på cirka 14 tum.
c) Lägg degen på den förberedda pizzapannan och nyp ihop kanterna.
d) Tillaga allt i ugnen i ca 20-25 minuter.
e) Ta ut allt från ugnen och toppa med hälften av salladsdressingen jämnt, följt av hälften av schweizisk ost, corned beef, resterande salladsdressing, surkål och resterande schweizisk ost.
f) Toppa med kumminen jämnt.

g) Tillaga allt i ugnen i ca 10 minuter.
h) Ta ut allt från ugnen och toppa med hackad saltgurka.

## 81. Kärnmjölkspizza

### Ingrediens

- 1 lb. köttfärs
- 1/4 lb. skivad pepperonikorv
- 1 (14 oz.) burk pizzasås
- 2 (12 oz.) förpackningar kyld kärnmjölksdeg
- 1/2 lök, skivad och delad i ringar
- 1 (10 oz.) burk skivade svarta oliver
- 1 (4,5 oz.) burk skivad svamp
- 1 1/2 C. strimlad mozzarellaost
- 1 C. strimlad cheddarost

### Vägbeskrivning

a) Ställ in ugnen på 400 grader F innan du gör något annat och smörj en 13x9-tums bakform.
b) Värm en stor stekpanna på medelhög värme och koka nötköttet tills det är helt brynt.
c) Tillsätt pepperonin och koka tills de fått färg och rinna av överflödigt fett från stekpannan.
d) Rör ner pizzasåsen och ta bort allt från värmen.
e) Skär varje kex i fjärdedelar och lägg i den förberedda ugnsformen.

f) Lägg köttblandningen jämnt över kexen och toppa dem med lök, oliver och svamp.
g) Tillaga allt i ugnen i ca 20-25 minuter.

## 82.      Worcestershire Pizza

**Ingrediens**

- 1/2 lb. magert nötfärs
- 1/2 C. tärnad pepperoni
- 1 1/4 C. pizzasås
- 1 C. smulad fetaost
- 1/2 tsk Worcestershiresås
- 1/2 tsk varm pepparsås
- salt och mald svartpeppar efter smak
- matlagningsspray
- 1 (10 oz.) burk kyld kexdeg
- 1 äggula
- 1 C. strimlad mozzarellaost

**Vägbeskrivning**

a) Ställ in ugnen på 375 grader F innan du gör något annat och smörj ett bakplåtspapper.
b) Värm en stor stekpanna på medelhög värme och koka nötköttet tills det är helt brynt.
c) Häll av överflödigt fett från stekpannan och sänk värmen till medelhög.
d) Rör ner pizzasås, pepperoni, fetaost, pepparsås, worcestershiresås, salt och peppar och fräs i ca 1 minut.

e) Separera kexen och arrangera på förberedd plåt med cirka 3-tums mellanrum.
f) Med botten av ett glas, tryck på varje kex för att bilda en 4-tums rund kex med 1/2-tums kant runt ytterkanten.
g) I en liten skål, tillsätt äggulan och 1/4 tsk av vattnet och vispa väl.
h) Lägg ca 1/4 C. av nötköttsblandningen i varje kexbägare och toppa med mozzarellaosten.
i) Tillaga allt i ugnen i ca 15-20 minuter.

## 83.     BBQ Beef Pizza

## Ingrediens

- 1 (12 oz.) paket nötköttskorv, skuren i 1/4-tums skivor.
- 2 (14 oz.) förpackningar 12-tums storlek italiensk pizzaskorpa
- 2/3 C. beredd barbecuesås
- 1 C. tunt skivad rödlök
- 1 grön paprika, kärnad, skuren i tunna strimlor
- 2 C. strimlad mozzarellaost

## Vägbeskrivning

a) Sätt ugnen på 425 grader F innan du gör något annat.
b) Lägg upp pizzaskorpor på 2 bakplåtar.
c) Fördela barbecuesåsen jämnt på varje skorpa, följt av korven, rödlöken, paprikan och mozzarellaosten.
d) Tillaga allt i ugnen i ca 20 minuter.

## 84. Pizza Rigatoni

### Ingrediens

- 1 1/2 lb. köttfärs
- 1 (8 oz.) paket rigatoni-pasta
- 1 (16 oz.) paket strimlad mozzarellaost
- 1 (10,75 oz.) burk kondenserad grädde tomatsoppa
- 2 (14 oz.) burkar pizzasås
- 1 (8 oz.) paket skivad pepperonikorv

### Vägbeskrivning

a) Koka pastan i en stor kastrull med lättsaltat kokande vatten i ca 8-10 minuter.
b) Häll av väl och håll åt sidan.
c) Värm under tiden en stor stekpanna på medelhög värme och koka nötköttet tills det är helt brynt.
d) Häll av överflödigt fett från stekpannan.
e) Lägg nötköttet i en långsam spis, följt av pasta, ost, soppa, sås och pepperonikorv.
f) Ställ långsamkokaren på låg och koka under lock i ca 4 timmar.

## 85. Pizza i mexikansk stil

**Ingrediens**

- 1 lb. köttfärs
- 1 lök, hackad
- 2 medelstora tomater, hackade
- 1/2 tsk salt och 1/4 tsk peppar
- 2 tsk chilipulver och 1 msk mald spiskummin
- 1 (30 oz.) burk refried bönor
- 14 (12 tum) mjöltortillas
- 2 C. gräddfil
- 1 1/4 lb. strimlad Colbyost
- 1 1/2 lb. strimlad Monterey Jack ost
- 2 röda paprikor, kärnade och tunt skivade
- 4 gröna paprikor, kärnade och tunt skivade
- 1 (7 oz.) burk tärnad grön chili, avrunnen och 3 tomater, hackade
- 1 1/2 C. strimlat tillagat kycklingkött
- 1/4 C. smör, smält
- 1 (16 oz.) burk picantesås

**Vägbeskrivning**

a) Sätt ugnen på 350 grader F innan du gör något annat och smörj en 15x10-tums jellyroll-panna.
b) Hetta upp en stor stekpanna på medelvärme och stek köttet tills det är helt brynt.
c) Häll av överflödigt fett från stekpannan.
d) Tillsätt löken och 2 tomater och koka tills de är mjuka.
e) Rör ner refried beans, chilipulver, spiskummin, salt och peppar och koka tills de är helt uppvärmda.
f) Lägg 6 av tortillorna på den förberedda pannan med kanterna väl över pannans sidor.
g) Fördela bönblandningen jämnt över tortillorna, följt av hälften av gräddfilen, 1/3 av Colbyosten, 1/3 av Monterey Jack-osten, 1 matsked av grön chili, 1/3 av grönpepparstrimlorna, och 1/3 av röd paprika remsorna och 1/3 av den hackade tomaten.
h) Lägg 4 tortillas över påläggen och toppa med den återstående gräddfilen, följt av den strimlade kycklingen, 1/3 av både ostar, röd och grön paprika, chili och tomater.

i) Lägg nu 4 tortillas, följt av resterande ostar, paprika, tomater, chili och avsluta med lite av den rivna osten på toppen.
j) Vik de överhängande kanterna inåt och fäst med tandpetarna.
k) Pensla tortillaytorna med det smälta smöret.
l) Tillaga allt i ugnen i ca 35-45 minuter.
m) Ta bort tandpetarna och håll åt sidan i minst 5 minuter innan du skär upp dem.
n) Servera med en topping av picantesåsen.

## 86. Medelhavspizza

## Ingrediens

- 2 tomater, kärnade och grovt hackade
- 1 tsk salt
- 8 oz. strimlad mozzarellaost
- 1 rödlök, grovt hackad
- 1/4 C. hackad färsk basilika
- 1/2 tsk mald svartpeppar
- 2 msk olivolja
- 3 färska jalapenopeppar, hackade
- 1/2 C. skivade svarta oliver
- 1/2 C. skivad färsk svamp
- 1/2 C. pizzasås
- 2 (12 tum) förgräddade pizzaskorpor
- 8 oz. strimlad mozzarellaost
- 1/4 C. riven parmesanost

## Vägbeskrivning

a) Sätt din ugn på 450 grader F.
b) Tillsätt tomaterna i en nätsil och strö över saltet jämnt.
c) Förvara allt i diskhon i cirka 15 minuter för att rinna av.
d) Blanda ihop 8 oz i en stor skål. av mozzarellan, avrunna tomater, champinjoner, oliver, lök, jalapeñopeppar, basilika och olja.

e) Lägg tomatsåsen jämnt över de båda skorparna och toppa med tomatblandningen, följt av resterande mozzarella och parmesanost.
f) Tillaga allt i ugnen i ca 8-10 minuter.

## 87. Alla paprika och lök pizza

**Ingrediens**

- 8 oz. mald fläskkorv
- 5 ägg, lätt vispade
- 1 (12 tum) beredd pizzaskorpa
- 1 C. ricottaost
- 1/4 C. hackad rödlök
- 1/4 C. hackad färsk tomat
- 1/4 C. hackad röd paprika
- 1/4 C. hackad grön paprika
- 8 oz. strimlad mozzarellaost

**Vägbeskrivning**

a) Sätt ugnen på 375 grader F innan du gör något annat.
b) Värm en stor stekpanna på medelhög värme och koka korven tills den är helt brun.
c) Häll av överflödigt fett från stekpannan och tillsätt äggen och koka sedan tills äggen stelnat helt.
d) Lägg pizzaskalet på en pizzapanna och toppa med ricottaosten, lämna de yttre kanterna.
e) Lägg korvblandningen över ricottaosten, följt av lök, tomat, röd paprika och grön paprika och mozzarella.
f) Tillaga allt i ugnen i ca 15 minuter.

## 88. ÄLSKAR pizza

**Ingrediens**

- 3 C. brödmjöl
- 1 (0,25 oz.) kuvert aktiv torrjäst
- 1 1/4 C. varmt vatten
- 3 matskedar extra virgin olivolja, delad
- 3 msk hackad färsk rosmarin
- 1 (14 oz.) burk pizzasås
- 3 C. strimlad mozzarellaost
- 2 mogna tomater, skivade
- 1 zucchini, skivad
- 15 skivor vegetarisk pepperoni
- 1 (2,25 oz.) burk skivade svarta oliver

**Vägbeskrivning**

a) I en brödmaskin, tillsätt mjöl, jäst, vatten och 2 matskedar av olivoljan i den ordning som rekommenderas av tillverkaren.
b) Välj inställningen deg och tryck på Start.
c) När cykeln är klar, knåda in rosmarin i degen.
d) Sätt din ugn på 400 grader F.
e) Dela degen i tre lika stora delar.
f) Forma varje degdel till en hjärtform ca 1/2 tum tjock och belägg varje del med den återstående olivoljan.

g) Fördela ett tunt lager pizzasås jämnt över varje pizza och toppa med osten, följt av tomater, zucchini, pepperoni och oliver.
h) Tillaga allt i ugnen i ca 15-20 minuter.

## 89. Potatis Tofu Pizza

## Ingrediens

- 4 potatisar, strimlade
- 1 medelstor lök, riven
- 2 ägg, vispade
- 1/4 C. universalmjöl
- 2 msk olivolja
- 1 zucchini, tunt skivad
- 1 gul squash, tunt skivad
- 1 grön paprika, hackad
- 1 lök, tunt skivad
- 2 vitlöksklyftor, hackade
- 6 oz. fast tofu, smulad
- 2 tomater, skivade
- 2 msk hackad färsk basilika
- 1/2 C. tomatsås
- 1 C. strimlad fettfri mozzarellaost

## Vägbeskrivning

a) Ställ in ugnen på 425 grader F innan du gör något annat och smörj en 12-tums bakform.
b) I en stor skål, blanda ihop riven lök, potatis, mjöl och ägg och lägg blandningen i den förberedda ugnsformen genom att trycka försiktigt.
c) Tillaga allt i ugnen i ca 15 minuter.

d) Belägg toppen av potatisskorpan med olja och tillaga allt i ugnen i cirka 10 minuter.
e) Lägg nu skorpan under broilern och koka i cirka 3 minuter.
f) Ta bort skorpan från ugnen.
g) Ställ återigen in ugnen på 425 grader F innan du fortsätter.
h) I en stor skål, blanda ihop tofun, grön paprika, gul squash, zucchini, skivad lök och vitlök.
i) Hetta upp en stor stekpanna och fräs tofublandningen tills grönsakerna blir mjuka.
j) Blanda ihop basilika och tomatsås i en liten skål.
k) Lägg hälften av tomatsåsen över skorpan jämnt och toppa med de kokta grönsakerna och tomatskivorna.
l) Fördela resten av såsen jämnt ovanpå och strö över osten.
m) Tillaga allt i ugnen i ca 7 minuter.

## 90.     Grekisk pizza

## Ingrediens

- 1 msk olivolja
- 1/2 C. tärnad lök
- 2 vitlöksklyftor, hackade
- 1/2 (10 oz.) paket fryst hackad spenat, tinad och pressad torr
- 1/4 C. hackad färsk basilika
- 2 1/4 tsk citronsaft
- 1 1/2 tsk torkad oregano
- mald svartpeppar efter smak
- 1 (14 oz.) paket kyld pizzacrust
- 1 msk olivolja
- 1 C. strimlad mozzarellaost
- 1 stor tomat, tunt skivad
- 1/3 C. kryddat brödsmulor
- 1 C. strimlad mozzarellaost
- 3/4 C. smulad fetaost

## Vägbeskrivning

a) Sätt ugnen på 400 grader F innan du gör något annat.
b) Värm 1 msk olja i en stor stekpanna och fräs löken och vitlöken i cirka 5 minuter.
c) Tillsätt spenaten och koka i ca 5-7 minuter.

d) Ta bort allt från värmen och rör omedelbart ner oregano, basilika, citronsaft och peppar och låt det svalna något.
e) Rulla ut pizzadegen på ett stort bakplåtspapper och täck allt med de återstående 1 msk olivolja.
f) Lägg spenatblandningen över degen, lämna en liten kant i kanterna.
g) Lägg 1 C. mozzarellaost över spenaten.
h) I en skål, blanda ihop ströbröd och tomatskivor tills de är helt täckta.
i) Lägg tomatskivorna över mozzarellaosten, följt av resterande 1 C. mozzarellaost och fetaost.
j) Tillaga allt i ugnen i ca 15 minuter.

## 91.    Pizzasallad

## Ingrediens

### Skorpa

- 1 3/4 C. universalmjöl
- 1 kuvert Pizza Crust Jäst
- 1 1/2 tsk socker
- 3/4 tsk salt
- 2/3 C. mycket varmt vatten
- 3 matskedar extra virgin olivolja

### Toppings

- 1 msk extra virgin olivolja
- 1/4 tsk vitlökspulver
- 2 C. strimlad mozzarellaost
- 1/4 C. hackad lök
- 1/4 C. hackade eller tunt skivade morötter
- 4 C. hackad romansallat
- 1 C. hackade färska tomater
- 1/4 C. beredd italiensk salladsdressing
- 1/4 C. strimlad parmesanost

### Vägbeskrivning

a) Sätt ugnen på 425 grader F innan du gör något annat och arrangera gallret i den nedre tredjedelen av ugnen.
b) Smörj en pizzapanna.

c) För skorpan i en stor skål, tillsätt mjöl, socker, jäst, olja och varmt vatten och blanda tills det är väl blandat.
d) Tillsätt långsamt resten av mjölet och blanda tills en lite kladdig deg bildas.
e) Lägg degen på en mjölad yta och knåda den tills degen blir elastisk
f) Lägg degen på den förberedda pizzapannan och tryck till den.
g) Nyp ihop kanterna med fingrarna för att bilda kanten.
h) Belägg skorpan med 1 msk olja och strö över vitlökspulver.
i) Blanda ihop morötter, lök och mozzarellaost i en skål.
j) Toppa skorpan med morotsblandningen jämnt och tillaga allt i ugnen i ca 15-18 minuter.
k) Blanda under tiden ihop resten i en skål.
l) Ta ut allt från ugnen och låt det svalna i ca 2-3 minuter.
m) Toppa pizzan med parmesanostblandningen och servera genast.

## 92. Dessertpizza

**Ingrediens**

- 1 1/2 C. universalmjöl
- 2 tsk bakpulver
- 1 tsk salt
- 2 1/3 C. havre
- 1 C. smör
- 1 1/2 C. packat farinsocker
- 2 ägg
- 1/2 tsk vaniljextrakt
- 1 1/2 C. strimlad kokos
- 2 C. halvsöta chokladchips
- 1/2 C. hackade valnötter
- 1 C. godisöverdragna chokladbitar
- 1 C. jordnötter

**Vägbeskrivning**

a) Sätt ugnen på 350 grader F innan du gör något annat och smörj 2 (10-tums) pizzaformar.
b) I en stor skål, blanda ihop mjöl, bakpulver och salt.
c) I en annan skål, tillsätt smör, ägg, farinsocker och vanilj och vispa till en jämn smet.

d) Tillsätt mjölblandningen i smörblandningen och blanda allt tills det är väl blandat.
e) Vänd ner nötterna och 1/2 C. av kokosen.
f) Dela degen i 2 delar och lägg varje portion i den förberedda pizzapannan, tryck ut allt i 10-tums cirklar.
g) Tillaga allt i ugnen i ca 10 minuter.
h) Ta ut allt från ugnen och toppa det hela med resterande kokos, chokladchips, godis och jordnötter.
i) Tillaga allt i ugnen i ca 5-10 minuter.

## 93. Picknick mini pizzor

## Ingrediens

- 1/2 lb mald italiensk korv
- 1/2 tsk vitlökssalt
- 1/4 tsk torkad oregano
- 1 C. krossad ananas, avrunnen
- 4 st engelska muffins, delade
- 1 (6 oz.) burk tomatpuré
- 1 (8 oz.) paket strimlad mozzarellaost

## Vägbeskrivning

a) Sätt ugnen på 350 grader F innan du gör något annat och smörj lätt en bakplåt.
b) Värm en stor stekpanna på medelhög värme och koka den italienska korven tills den är helt brun.
c) Häll av överflödigt fett och lägg över korven i en skål.
d) Tillsätt ananas, vitlök, oregano och salt och blanda väl.
e) Lägg de engelska muffinshalvorna på den förberedda bakplåten i ett enda lager.
f) Bred tomatsås över muffinshalvorna och toppa med korvblandningen och mozzarellaosten.
g) Tillaga allt i ugnen i ca 10-15 minuter.

## 94. Tropisk valnötspizza

## Ingrediens

- 1 färdig pizzaskål
- 1 msk olivolja
- 1 (13,5 oz.) burk färskost med fruktsmak
- 1 (26 oz.) burk mangoskivor, avrunna och hackade
- 1/2 C. hackade valnötter

## Vägbeskrivning

a) Tillaga pizzaskalet i ugnen enligt förpackningens.
b) Belägg skorpan jämnt med oljan.
c) Fördela färskosten över skorpan och toppa med hackad mangon och nötter.
d) Skär i önskad skiva och servera.

## 95. Tranbärskycklingpizza

**Ingrediens**

- 2 skinnfria, benfria kycklingbrösthalvor, skurna i lagom stora bitar
- 1 matskedar vegetabilisk olja
- 1 (12 tum) beredd pizzaskorpa
- 1 1/2 C. tranbärssås
- 6 oz. Brieost, hackad
- 8 oz. strimlad mozzarellaost

**Vägbeskrivning**

a) Sätt din ugn på 350 grader F
b) Värm oljan i en stekpanna och stek kycklingen tills den är helt genomstekt.
c) Fördela tranbärssåsen över den förberedda pizzabottnen och toppa med kycklingen, följt av brie och mozzarella.
d) Tillaga allt i ugnen i ca 20 minuter.

**96.     Söt och salt pizza**

### Ingrediens

- 1 C. ljummet vatten
- 1 (0,25 oz.) kuvert aktiv torrjäst
- 3 C. allroundmjöl
- 1 tsk vegetabilisk olja
- 1 tsk salt
- 8 torkade fikon
- 1 medelstor rödlök, tunt skivad
- 1 msk olivolja
- 1 nypa salt
- 1 tsk torkad timjan
- 1 tsk fänkålsfrön
- 4 oz. getost
- 1 msk olivolja, eller efter behov

### Vägbeskrivning

a) Tillsätt vattnet i en stor skål och strö över jästen.
b) Håll allt åt sidan i några minuter eller tills det är helt upplöst.
c) Tillsätt mjöl, salt och olja och blanda tills en hård deg bildas.
d) Lägg degen på mjölat underlag och knåda i ca 5 minuter.
e) Lägg över degen i en smord skål och täck med en kökshandduk.

f) Håll allt åt sidan i cirka 45 minuter.
g) I en skål med kokande vatten, tillsätt fikonen och håll åt sidan i cirka 10 minuter.
h) Låt fikonen rinna av och hacka dem sedan.
i) Under tiden i en stekpanna, värm 1 msk olja på medelvärme och fräs löken tills den är mjuk.
j) Sänk värmen till låg och smaka av med salt.
k) Fräs i ca 5-10 minuter till.
l) Rör ner fikon, timjan och fänkålsfrön och ta bort allt från värmen.
m) Sätt ugnen på 450 grader F och smörj en pizzapanna lätt.
n) Slå ner pizzadegen och bred ut i en 1/4-tums tjock cirkel.
o) Lägg degen på den förberedda pizzapannan och pensla ytan lätt med den återstående olivoljan.
p) Fördela fikonblandningen jämnt över skorpan och toppa allt med getosten i form av prickar.
q) Tillaga allt i ugnen i ca 15-18 minuter.

## 97.     Höstlig Dijon Pizza

## Ingrediens

- 1 förgräddad pizzabotten
- 2 vitlöksklyftor, hackade
- 1 msk dijonsenap
- 2 kvistar färsk rosmarin, hackad
- 1/4 C. vitvinsvinäger
- 1/2 C. olivolja
- 1/4 C. smulad ädelost
- salt och peppar efter smak
- 1/4 C. smulad ädelost
- 1/3 C. strimlad mozzarellaost
- 2 päron - skalade, urkärnade och skivade
- 1/4 C. rostade valnötsbitar

## Vägbeskrivning

a) Sätt ugnen på 425 grader F innan du gör något annat
b) Lägg pizzaskalet i en pizzapanna.
c) Tillaga allt i ugnen i ca 5 minuter.
d) Ta ut allt från ugnen och låt det svalna helt.
e) I en matberedare, tillsätt vitlök, rosmarin dijonsenap och vinäger och mixa tills det blandas.
f) Medan motorn är igång, tillsätt långsamt oljan och pulsera tills den är jämn.

g) Tillsätt ca 1/4 C av ädelosten, salta och peppra och pulsera tills det blandas.
h) Fördela vinägretten jämnt över pizzaskalet och strö över resterande ädelost och sedan mozzarellaost.
i) Toppa allt med päronskivorna sedan de rostade valnötterna.
j) Tillaga allt i ugnen i ca 7-10 minuter.

## 98. Gorgonzola smörig pizza

## Ingrediens

- 1/8 C. smör
- 2 stora Vidalia-lökar, tunt skivade
- 2 tsk socker
- 1 (10 oz.) paket kyld pizzadeg
- 1 pund Gorgonzola ost, smulad

## Vägbeskrivning

a) Smält smöret på medelvärme i en stor stekpanna och fräs löken i cirka 25 minuter.
b) Rör ner sockret och koka under konstant omrörning i ca 1-2 minuter.
c) Sätt ugnen på 425 grader F och smörj en pizzapanna.
d) Lägg degen på den förberedda pizzapannan och tryck ut den till önskad tjocklek.
e) Lägg löken jämnt över skorpan, följt av Gorgonzola.
f) Tillaga allt i ugnen i ca 10-12 minuter.

## 99. Ruccola druvpizza

## Ingrediens

- 16 oz. färdiggjord pizzadeg
- 1/2 C. Pastasås
- 1/2 C. strimlad helmjölksmozzarella
- 1/2 C. strimlad provoloneost
- 1/4 C. getost, smulad
- 1/4 C. pinjenötter
- 10 röda druvor, halverade
- 1/4 C. ruccola, finhackad
- 1 msk torkade rosmarinblad
- 1 msk torkad oregano
- 1/2 tsk torkad koriander

## Vägbeskrivning

a) Sätt ugnen på 475 grader F innan du gör något annat och smörj en bakplåt.
b) Lägg pizzadegbollen på den förberedda bakplåten och platta ut mitten av degen tunt.
c) Skorpan ska vara 12-14 tum i diameter.
d) Blanda ihop pastasås, ruccola, koriander och oregano i en skål.
e) Fördela såsblandningen jämnt över degen.
f) Lägg mozzarella- och provoloneostarna jämnt över såsen.

g) Toppa allt med druvorna, följt av rosmarin, getost och pinjenötter.
h) Tillaga allt i ugnen i ca 11-14 minuter.

## 100. Pizza i fransk stil

**Ingrediens**

- 1 tunn pizzaskal
- 2 C. röda druvor, halverade
- 1/2 lb. italiensk korv, brynt och smulad
- 6 oz. färsk getost
- extra virgin olivolja
- salt och peppar

**Vägbeskrivning**

a) Sätt ugnen på 450 grader F innan du gör något annat.
b) Lägg upp pizzaskalet på en pizzapanna.
c) Pensla skorpan med oljan och strö över salt och svartpeppar.
d) Lägg korven över pizzabottnen, följt av vindruvor och getost.
e) Tillaga allt i ugnen i ca 13-15 minuter.

## SLUTSATS

Även om det är en av världens enklaste och mest populära livsmedel, är pizza konstigt svårt att definiera. Århundraden av evolution har förvandlat det från biffar gjorda av mosade korn som var dess tidigaste föregångare till en maträtt som, även om den är relaterad till dessa tidiga kornkakor, nästan är oigenkännlig som deras ättling. Mest betydelsefull är förändringen i den primära ingrediensen, från olika grova korn till en enbart vetebaserad deg, och så småningom till en maträtt som nästan uteslutande är gjord av vitt mjöl.

Men även om pizza har antagit många former, och dess sammansättning, pålägg, kryddor, metoder för beredning och utrustningen som används för att göra den har förändrats radikalt under åren, har det vanligtvis varit ett tunnbröd bakat vid höga temperaturer.

www.ingramcontent.com/pod-product-compliance
Lightning Source LLC
Chambersburg PA
CBHW070502120526
44590CB00013B/725